パーソナルデータ
の経済分析

［著］

高口鉄平

はしがき

「僕らの名前や行動履歴は，実際いくらなのか？」
　本書は，このような単純な問題意識に端を発して進められたこれまでの分析をまとめたものである．ふだん，私たちは名前や行動履歴自体を，それらの情報のみの形で売買することはなく，したがって，いったいいくらなのか，はっきりしない．だから，単純にいくらくらいなのかを知りたい．端的にいえば，それだけのはなしである．

　すでに十分な分析の蓄積があるのであれば，別に自分で分析する必要はなかった．ところが，パーソナルデータの研究に関しては，法学的研究や，プライバシー懸念に関わる実証研究は多い一方で，直接，その経済価値を分析した研究は非常に少なかった．そこで，自分で分析してみたというわけである．

　「パーソナルデータはいくらか」というテーマは，到底，高尚とはいえず，「俗っぽい」テーマであろう．しかし，そのおかげで，これまでの研究が少なく，私が分析する余地があったと思う．また，私の研究能力を考えれば，こういう高尚でないテーマがちょうどよかったとも思う．おかげで，ここ数年一貫した研究に取り組むことができた．

　「俗っぽい」テーマとはいえ，本書のなかで示したとおり，今後のパーソナルデータの利活用を見据えると，経済価値の分析は必要不可欠である．本書の分析の精度が十分でないことは，本書を取りまとめた今，痛感しているが，それでも，本書が今後の議論の一助となれば幸いであると考えている．

筆者が情報通信分野の経済分析をおこなう研究者としてなんとかここまでやってこられたのは，多くの方の支えがあったからである．

　筆者は，幸いにも二人の指導教員から研究指導を受ける機会に恵まれた．筆者が九州大学経済学部に入学してから修士課程途中までのあいだ，ご指導をいただいた山﨑朗先生（中央大学）からは，研究では他人とは少し違う視点からアプローチすることが重要であり，そのアプローチによっていかに面白い研究に仕上げるかが重要であるという，研究者としての基盤を学んだ．本書の研究は，面白くはないかもしれないが，少しでも新しいテーマに取り組めたとすれば，先生にご指導いただいたおかげである．

　修士課程の途中から博士後期課程修了までは，実積寿也先生（九州大学）にご指導いただいた．実積先生からは，経済学の視点から研究することの意味，その難しさ，また，客観的に議論することの重要性を学んだ．パーソナルデータに関する研究には，プライバシーの観点や経済学的観点が混在する．特定の観点からぶれずに一貫した分析をおこなうことはとても難しいが，一応経済分析として本書をまとめることができたのは，先生にご指導いただいたおかげである．

　大学院修了後は，総務省に勤務する機会をいただけた．総務省では，最先端の情報通信行政に触れることができ，同時に，行政実務の難しさを知ることができた．また，同僚，上司には，大学院を修了したばかりで右も左もわからない筆者に，社会人としての在り方を教えていただいた．すべての方のお名前を挙げることはできないが，淵江淳氏，古市裕久氏，高地圭輔氏，犬童周作氏，井幡晃三氏をはじめとした皆様に感謝申し上げたい．

　現在の勤務先である静岡大学情報学部には，多様な研究テーマを心広く受け入れてくれる雰囲気があると感じている．筆者の研究を見守り，励ましてくださった情報学部の先生方に感謝申し上げたい．また，研究が思うように進まない時にいつも元気をくれる高口研究室のメンバーにも感謝したい．

　現在の筆者の研究は，情報通信分野に関わる多くの先生方に支えられて

いる．辻正次先生（兵庫県立大学），三友仁志先生（早稲田大学），依田高典先生（京都大学），春日教測先生（甲南大学），中村彰宏先生（横浜市立大学），宍倉学先生（長崎大学），林秀弥先生（名古屋大学），黒田敏史先生（東京経済大学）をはじめとする先生方に感謝申し上げたい．また，多くの共同研究で声をかけてくださり，さまざまなご助言をいただいている高崎晴夫氏（KDDI 総研）に感謝申し上げたい．

研究分野は異なるが，大学院時代から同輩として刺激を与えてくれている平方裕久先生（九州産業大学），高崎春華先生（大東文化大学），Basso Jawara 氏にお礼申し上げたい．

本書の分析を進める機会を与えていただき，また掲載を許可していただいた各機関，ことに総務省総合通信基盤局事業政策課，一般財団法人日本情報経済社会推進協会，KDDI 研究所，KDDI 総研の皆様にお礼申し上げたい．

本書を KDDI 総研叢書の一冊として出版することをお認めいただき，さまざまなサポート，ご調整をいただいた，東条続紀社長，篠原聡兵衛部長をはじめとする KDDI 総研の皆様に感謝申し上げたい．また，厳しい出版事情のなか，出版をお認めいただいた勁草書房の宮本詳三編集部長，永田悠一氏に心よりお礼申し上げたい．

ここまでお名前を挙げられなかったが，これまでの筆者を支えてくれた副田貴裕氏，宮崎祥成氏，北栄階一氏，真弓久志氏，飯島学氏，中村伸之氏，山下俊浩氏に感謝申し上げたい．

筆者が研究者を志すことを応援してくれ，支えてくれた家族である，父，母，祖父，祖母，弟，愛猫に心より感謝申し上げたい．また，遠く熊本から研究生活を支えてくれた伯父，伯母にも感謝したい．

最後に，いつも研究を見守ってくれている妻に本書を捧げたい．

2015 年 9 月

高口鉄平

初出等一覧

　本書は，筆者がこれまで発表してきた研究成果をベースに加筆修正したものである．各章とこれまでの研究成果との対応は，つぎのとおりである．なお，研究成果のなかには共同研究者，研究機関などとの共同研究も含まれるが，本書は筆者が主に分析を担当した部分を中心にまとめたものである．また，言うまでもなく本書の瑕疵は筆者個人の責に帰するものである．

第1章
　書下ろし．
第1章補論
　書下ろし．
第2章
　高口鉄平（2014b）「パーソナルデータ活用時代の「競争評価」―経済学的視点からのパーソナルデータ分析の必要性―」『Nextcom』（KDDI総研），Vol. 17, pp. 52-59.
　高口鉄平（2012）「電気通信産業の競争における評価スキームとレイヤー間関係」『産業学会研究年報』（産業学会），第27号, pp. 83-96.
第2章補論
　高口鉄平・実積寿也（2013）「携帯電話の構成要素に対する利用者の選好に関する分析」『情報学研究』（静岡大学情報学部），第18巻, pp. 19-32.

第3章

本章は，総務省との共同研究を背景として，筆者による分析を加えたものである．また，その研究成果の一部はつぎのとおりとなっており，本章のベースとなっている．

> 総務省（2014c）『電気通信事業分野における競争状況の評価2013』（戦略的評価 第3章「固定ブロードバンド・モバイルインターネットの上流サービスの利用分析」，競争評価データブック2013「Ⅲ 競争状況の調査」）
>
> 高口鉄平・黒田敏史・依田高典（2014）「インターネットの利用におけるプライバシー懸念の要因に関する実証分析」第31回情報通信学会大会報告資料．

第4章

> Jitsuzumi, T and T. Koguchi (2013) "The Value of Personal Information in the E-Commerce Market", Proceedings of the 2013 European Regional Conference of the International Telecommunications Society, International Telecommunications Society.

第5章

本章は，一般財団法人日本情報経済社会推進協会が実施した平成25年度調査事業において，筆者が有識者委員として分析を担当したものに，さらに考察を加えたものである．その研究成果の一部はつぎのとおりとなっており，本章のベースとなっている．

> Koguchi, T. and T. Jitsuzumi (2014) "The Economic Value of Location Data: Conditions for Big Data Secondary Markets", Proceedings of the 2014 European Regional Conference of the International Telecommunications Society, International Telecommunications Society.
>
> 一般財団法人日本情報経済社会推進協会（2014）『「平成25年度我が国

経済社会の情報化・サービス化に係る基盤整備(「データ立国」を見据えた大規模データの利活用による経済価値評価に関する調査事業)」調査報告書』

第6章

本章は,株式会社KDDI研究所が実施した調査研究に関し,筆者が株式会社KDDI総研とともに当該調査研究に参加し,筆者がおもに分析を担当した部分について,さらに考察を加えたものである.

第7章

書下ろし.

目　次

はしがき　　i
初出等一覧　　v

第1章　序：経済分析の必要性　　1

    1.1　本書の背景とねらい　　1
    1.2　パーソナルデータの定義　　9
    1.3　本書の構成　　14

第1章補論　経済財としてのデータ　　17

    1　情報財の特質　　17
    2　パーソナルデータという情報財　　20

第2章　情報通信産業の構造と競争状況　　27

    2.1　はじめに　　27
    2.2　情報通信産業の状況　　28
    2.3　市場メカニズムと規制　　34
    2.4　レイヤー間関係　　40
    2.5　本章のまとめ　　45

第2章補論　携帯電話の構成要素を例とした
　　　　　　レイヤー間関係　　　　　　　　　　　　　　　　　47

　　1　補論の目的　　47
　　2　背景　　47
　　3　調査の実施　　49
　　4　推計　　55
　　5　補論のまとめ　　65

第3章　プライバシー懸念の要因　　　　　　　　　　　　67
　　　　　利用者の分析①

　　3.1　はじめに　　67
　　3.2　プライバシー懸念に関する先行研究　　68
　　3.3　総務省「競争評価」の一環としての調査　　70
　　3.4　調査の概要と結果　　72
　　3.5　抵抗感，プライバシーポリシーに関する推計　　85
　　3.6　本章のまとめ　　95

第4章　スイッチングコストからみた経済価値　　　　　97
　　　　　利用者の分析②

　　4.1　はじめに　　97
　　4.2　パーソナルデータとスイッチングコスト　　100
　　4.3　分析の概要とアンケート調査　　100
　　4.4　スイッチングコストの推計　　111
　　4.5　本章のまとめ　　115

第5章　ビッグデータ市場の成立可能性　　　　　　　　117
　　　　事業者の分析①

　　5.1　はじめに　　117
　　5.2　移動系通信市場におけるビッグデータの成長　　121
　　5.3　分析の概要とアンケート調査　　122
　　5.4　位置情報データの価値　　131
　　5.5　本章のまとめ　　136

第6章　電力サービスにおける活用可能性　　　　　　　　139
　　　　事業者の分析②

　　6.1　はじめに　　139
　　6.2　HEMSとは　　140
　　6.3　分析の概要とアンケート調査　　142
　　6.4　HEMSデータの価値　　148
　　6.5　本章のまとめ　　152

第7章　これからのパーソナルデータ活用に向けて　　　　153

　　7.1　本書のまとめ　　153
　　7.2　いっそうのパーソナルデータ活用時代へ　　156

参考文献　　159
索引　　165

第1章 序：経済分析の必要性

1.1 本書の背景とねらい

1.1.1 パーソナルデータ活用時代

「今日，インターネットは我々にとって必要不可欠なものとなっている」「近年，情報通信技術は急速に進展している」．こうした表現はすでに使い古されている．私たちにとってインターネットは不可欠な存在になった．また，10年前には考えられなかった情報通信技術が登場している．いま，考えなければならないことは，その結果として生じてきた問題であろう．

その問題のひとつが，パーソナルデータに関する問題である．

たとえば，インターネットを利用してどこかのサイトを検索し閲覧する，というシンプルな行為において，そこに利用者自身に関する情報が登場する余地はない．インターネットの利用がすべてこのようなシンプルなものであれば，パーソナルデータに関する問題は存在しない．

ところが，インターネットショッピングサイトで買い物をする，という行為になると，状況は一変する．購入したものの配送のために名前，住所，電話番号などをサイトに登録しなければならないし，支払いのためにクレジットカード番号を登録する場合もある．また，多くのインターネットショッピングサイトでは自身の購入履歴が蓄積され，いつでも見返すことができるし，欲しいもののリストを作成したり，閲覧履歴をもとにサイトからおすすめの商品が提示されたりもする．このように，現在では名前やク

レジットカード番号のみならず，購入履歴といったパーソナルデータまでもが，さまざまなかたちで活用されている．

注意したい点は，パーソナルデータ活用はインターネットの利用に限ったはなしというよりも，もう少しひろく，情報通信技術の進展によって進んでいるという点である．なぜなら，インターネット上でなくとも，実店舗での買い物など，さまざまな場面で便利な電子マネーが利用できるのは，会員IDというパーソナルデータが活用されているからである．

さらに，パーソナルデータ活用は，消費者に直接向けられたサービスのみならず，事業者の経営戦略立案，マーケティングにおいても進展している．事業者は，自身のサイトやICカードが利用されることを通じて収集したパーソナルデータを用いて，効率的な事業展開や有効なマーケティングを検討している．ビッグデータというバズワード[1]がもてはやされたように，情報通信技術あるいは情報処理技術の進展が多種多量なデータの収集，分析を可能にしている．パーソナルデータの活用可能性も拡がっているといえる．

このような「パーソナルデータ活用時代」において直観的に関心がもたれること，求められることは，パーソナルデータのいっそうの活用技術，また，そのための研究開発といった，きわめて技術的な視点であろう．これらはパーソナルデータの将来に意識が向いたものであり，重要な研究対象である．

一方で，同時に，近年では社会的な視点からの関心も強まってきている．パーソナルデータの生産者が人間であることを踏まえれば，それは自然な流れである．ただし，技術的な視点と社会的な視点で異なるところは，社会的な視点からみたパーソナルデータに関しては，将来というよりも，い

---

[1] ビッグデータの定義はさまざまであるが，たとえば，総務省（2012a）は，ビッグデータの共通する特徴として多量性，多種性，リアルタイム性等が挙げられるとしている．

ま，まさに社会が直面している課題に意識が向いている点ではないか[2].

そこで，以下では本書の研究がおこなわれた時期と並行して発生した二つの事案について見てみたい．

1.1.2　JR 東日本の事案[3]

一つ目の事案は，2013 年に発生した東日本旅客鉄道（JR 東日本）の事案である．

JR 東日本は IC カード乗車券の Suica（スイカ）を展開しているが，6 月 27 日，この Suica のデータを日立製作所に販売していることがあきらかになった．そして，日立製作所は，JR 東日本から購入したデータを分析し，駅周辺の事業者に活用してもらえるようなマーケティング情報を提供するサービスを 7 月から開始すると発表した．

JR 東日本から日立製作所に販売されるデータは，Suica での乗降駅，利用日時，利用額，また，利用者の生年月，性別などであり，さらにデータは匿名識別子に変換するなどの処理をしたものであった．このことから，JR 東日本はこのデータは個人情報の保護に関する法律（個人情報保護法）における個人情報には該当しないと判断し，利用者に許諾を取らず，説明をしていなかった．

ところが，上記のデータ販売の発表後，苦情や問い合わせがあったことから，JR 東日本は外部提供を望まない利用者のデータを除外することを決定し，電話やメールで受け付けることとした．その結果，7 月 26 日から 8 月 1 日までの一週間で 9,412 件の除外を求める申し出があった．結局，JR 東日本は 9 月 20 日，データの外部販売について当面再開を見送ることを発

---

[2]　社会的視点を持つ，ということが「いまを見る」ということを表しているとするとそれは当然である．

[3]　本項の事実関係は，『日本経済新聞』（2013 年 6 月 28 日朝刊，2013 年 7 月 26 日朝刊，2013 年 7 月 29 日朝刊，2013 年 8 月 3 日朝刊，2013 年 9 月 21 日朝刊）の記事内容に拠っている．

表した.

1.1.3　ベネッセコーポレーションの事案[4]

　もう一つは，2014年に発生したベネッセコーポレーションの事案である.
　7月9日，ベネッセホールディングス傘下のベネッセコーポレーションが運営する通信教育講座「進研ゼミ」などの顧客情報約760万件が漏洩したことがあきらかとなった．その後，漏洩した顧客情報は9月10日時点で約3,504万件に上っていることがあきらかにされている．漏洩した情報の内容は，「進研ゼミ」を受講する子どもとその保護者の名前，住所，電話番号などという．

　さらに，この漏洩した顧客情報は複数の名簿業者の間を転売されていた．後に，ベネッセコーポレーションの顧客データベースの保守管理をおこなっていた外部業者の派遣社員が漏洩に関わったとして逮捕されているが，報道によると，名簿は計250万円で売られたようである．

　この顧客情報の漏洩を受け，ベネッセホールディングスは200億円の補償金を準備することを発表した．9月10日時点で，補償は1件500円の金券となることが示されている．

1.1.4　二つの事案から見えること

　前述の二つの事案は，パーソナルデータを活用することに対して顕在化している課題を表現している．もちろん，似たような事案は以前から存在していたし，これら二つの事案は直接的にはインターネットの利用とは関係ないところで発生したものである．しかしながら，今後いっそうパーソナルデータの活用が進展するとすれば，こういった形で顕在化してきた課題に対処することが必要である．

---

[4]　本項の事実関係は，『日本経済新聞』（2014年7月10日，2014年7月11日，2014年7月15日，2014年7月18日，2014年7月20日，2014年9月11日）の記事内容に拠っている．

ところで，こういった事案を通じて顕在化する課題とは，具体的にどのように整理することができるだろうか．筆者は，大きく三つの点にまとめることができると考えている．

一つ目は，情報セキュリティという点である．情報セキュリティは一般に，ISO/IEC 27002 を踏まえ，情報の機密性，完全性，可用性を確保，維持することと定義されている．事業活動において，事業の範囲という意味でも，あつかうデータの量という意味でも，これまで以上にパーソナルデータを活用しようとすれば，より情報セキュリティが脅かされる可能性がある．ベネッセコーポレーションの事案では，人的要因によって顧客情報が流出している．技術的要因の改善に限らず，制度的対応も含め，情報セキュリティ対策という課題に取り組む必要がある[5]．

二つ目は，個人情報保護法をはじめとした法的制度という点である．JR東日本の事案において，JR東日本は当初，個人情報保護法に違反する意図があったわけではなく，自身が日立製作所に提供するデータは個人情報保護法上の「個人情報」に該当しないと考えていた[6]．しかしながら，実際には該当する可能性があることが，法律の専門家から指摘されている[7]．このように，あるデータが「個人情報かどうか」ということは必ずしも自明ではない．また，ベネッセコーポレーションの事案においては，顧客情報の漏洩という問題に加え，漏洩後の名簿業者による転売も問題となっている．しかしながら，条件を満たせば，名簿を販売すること自体は現在の個人情

---

[5] 情報セキュリティ対策としては，ISO や JIS に基づく情報セキュリティマネジメントシステム（ISMS）が存在する．これまでパーソナルデータなどを扱ってこなかった事業者がこれらを活用しようとする場合は，ISMS の理解，実践といったことも重要だろう．ISMS に関しては，一般財団法人日本情報経済社会推進協会内の情報マネジメントシステム推進センターのホームページや，静岡大学 ISMS 研究会（2007）などを参照のこと．

[6] 『日本経済新聞』2013 年 7 月 26 日朝刊．

[7] 森（2014），石井（2014）など．この点については次節で検討する．

報保護法には違反しない[8]．JR東日本の事案からもベネッセコーポレーションの事案からも，現在の法的制度について明確化や改善の余地が残されていることが見える．将来のパーソナルデータ活用を見据え，法的制度の検討にも取り組む必要がある．

パーソナルデータの活用を通じて顕在化してきた情報セキュリティと法的制度という二つの課題については，事案に触れたときに直接的に把握しやすい．そして，それぞれの課題について，解決のための検討，研究がさかんにおこなわれている．

しかし，先に「三つの点にまとめることができる」と述べたのは，もう一点，すなわち，パーソナルデータの経済分析，という課題が存在すると考えているからである．

1.1.5 パーソナルデータの経済分析

パーソナルデータの経済分析という課題は，端的に表現すれば「パーソナルデータの経済価値はどの程度か」「そのような経済価値を持つパーソナルデータによって市場や競争にどのような影響がもたらされるか」ということができるかもしれない．したがって，パーソナルデータの経済分析という課題の解決に取り組む，ということは，パーソナルデータの経済価値を精確に捉え，その価値によってもたらされる影響をあきらかにすること，また，その価値を最大限に活用できるような政策的提言をおこなうこと，ということになる[9]．

JR東日本やベネッセコーポレーションの事案はおもに，データを外部に販売したり，顧客情報を漏洩したりしたという行為自体が直接的な問題として議論されている．しかし，そもそもそのような行為がおこなわれたの

---

[8] 武田（2014）は，ベネッセコーポレーションの事案をもとにこの点を指摘している．

[9] 価値によってもたらされる影響には，正の影響のみならず，負の影響も含まれる．本書でも，負の影響も視野に入れた分析をおこなっている．

は，データが経済価値を有しているからにほかならない．経済価値があるからこそ，事業者からの需要が存在し，そして，事業者への供給が存在するのである．パーソナルデータの生産者である消費者からみても，自身のパーソナルデータが活用されたサービスに魅力を感じるからこそ，事業者にデータを提供するのである[10]．

ところが，パーソナルデータに経済価値があることは自明だとしても，具体的に「どの程度の価値か」ということになると，これは必ずしもあきらかになっていない．その第一の理由は，現在の日本においては「パーソナルデータ市場」と呼べるものがいまだ成立しているとはいえない点にある．基本的に，ある財の価格は，その財の市場の需要と供給によって決定される[11]．その財の売り手と買い手の状況，ブランドや製品差別化の影響などはあるものの，市場価格がひとつの指標となる．ところが，パーソナルデータに関しては，一部の事業者間で取引がおこなわれているものの，明確に市場が存在するとは言い難い[12]．さらにいえば，パーソナルデータのそもそもの生産者は一般の消費者であるが，消費者がサービスを利用する際に自身のパーソナルデータを事業者に提供するとき，提供に対する対価が直接支払われるわけではない．ただ，「同意する」にチェックするだけである．この点で，パーソナルデータの一次市場（消費者＝売り手，事業者＝買い手）は市場価格が存在しないといえる[13]．

パーソナルデータの経済価値が具体的にどの程度かあきらかになってい

---

[10] 当然，特定のサービスを提供している事業者が一者しか存在しないときに当該事業者にパーソナルデータを提供しなければサービスを受けられないため，しぶしぶ提供している状況や，そもそもパーソナルデータに無頓着な消費者が深く考えず提供している状況があることは，注意しなければならない．こういった状況の存在可能性や，その影響を探ることも本書のねらいにある．

[11] 市場経済システムが採用されていない国においては，別のはなしである．

[12] もしかすると，闇市場は一定程度成熟しているのかもしれない．

[13] 消費者がパーソナルデータを提供する対価は，事業者のサービスの質の向上，サービス価格の（本来的な価格からの）低下，というかたちで支払われていると解釈することは可能だが，そうだとしても純粋なパーソナルデータの価格は見えない．

ない第二の理由は，パーソナルデータの売り手と買い手自身，すなわち，消費者も事業者自身も，その経済価値を精確に理解できていない点にある．これは，消費者と事業者のあいだの取引（一次市場）も，事業者間の取引（二次市場）も同様であろう．もちろん，すでに十分にパーソナルデータを活用している事業者は，正確にその価値を理解できているかもしれない．しかしながら，ほとんどの消費者，また，将来的にパーソナルデータの活用を考えている事業者は，価値を十分に理解できていないのではないか．そもそも，市場が望ましいかたちで機能するためには，売り手と買い手に取引対象に対する完全な情報が備わっていなければならない．完全な情報が備わっていない場合は，何らかの制度的対応が必要となる．

　当然，パーソナルデータの経済価値は，パーソナルデータの中身ごとに大きく異なるだろう．また，技術的にパーソナルデータの活用可能性が拡がれば，価値は高まるだろう．だからこそ，現時点でのパーソナルデータの経済価値を可能な限り正確にあきらかにし，パーソナルデータに関わる者すべてがこれを理解する必要があるのではないか．さらに，今後いっそうパーソナルデータの活用可能性が拡がったときに，そのときの経済価値を把握する術を持っておくべきではないか．

　本書は，このようなねらいのもと，パーソナルデータの経済価値をあきらかにすることを試みた．ベネッセコーポレーションの事案において漏洩に対する補償が1件500円とされているように[14]，現実に経済価値の把握が求められる状況が存在する．後にみるが，日本においてもいくつかの経済価値把握の試みがあるものの，正確さ，検討数の点で十分とはいえない．本書の取組みは，こういった点で一定の貢献ができるのではないかと考えている．

　ただし，あらかじめ断っておくと，本書の分析を通じて，必ずしもパーソナルデータの経済価値が「いくら」というかたちであきらかになるとい

---

14) 本書執筆時点での報道による．

うわけではない．事業者の分析においては，一定程度直接的な経済価値の導出がなされるが，とくに消費者，すなわち，サービスの利用者の分析においては，前述のとおり利用者自身が経済価値を把握できていないことから，経済価値を示唆する間接的な知見を得るに止まっている．しかし，このような分析を重ねていくことが，精確な経済価値の解明につながるものと考えている．

1.2　パーソナルデータの定義

1.2.1　パーソナルデータと個人情報

具体的な分析に入る前に，本書におけるパーソナルデータの定義について検討しておく．本書では，一貫して「パーソナルデータ」という用語を用いている．一方で，パーソナルデータと類似した用語として，「個人情報」という用語を考えることができる．そこで，はじめに，それぞれの用語が意味するところを整理したい[15]．

個人情報という用語は，一般に広く用いられており，日常的な使用においては人によってそれが意味することは異なる．しかし，その定義を一つ挙げるとすれば，個人情報保護法における「個人情報」ということになろう[16]．

個人情報保護法第 2 条では，

---

[15]　他の類似した用語として，「パーソナル情報」があり，経済産業省（2008），財団法人日本情報処理開発協会（2011）等の報告書で用いられている．筆者はパーソナルデータとパーソナル情報は現在，おおよそ同義に用いられていると考えている．本書では，法律で規定されている「個人情報」と「パーソナルデータ」の比較検討に止める．

[16]　本稿の校了後，まさにパーソナルデータのいっそうの利活用を見据えた個人情報保護法の改正が決定した．本稿は改正前の個人情報保護法を扱っているが，改正後は，その意義を検討するために活用されたい．

この法律において「個人情報」とは，生存する個人に関する情報であって，当該情報に含まれる氏名，生年月日その他の記述等により特定の個人を識別することができるもの（他の情報と容易に照合することができ，それにより特定の個人を識別することができることとなるものを含む．）をいう．

とされている．この定義において，生存者の氏名，住所，生年月日などが個人情報の典型例であることはわかる（岡村 2004，p. 56）．しかし，情報によっては，それが個人情報に該当するか否か，容易な判断が困難であったり，解釈の余地が残されたりしている場合がある．
　そこで，いかなる情報が個人情報に該当するのかについて，例えば岡村（2004）は，つぎの三点，

①「個人に関する情報」
②「生存する」個人に関する情報
③「特定の個人を識別できる」情報

に分け，検討している．このうち，「生存する」個人に関する情報か否かについては比較的容易に判断できると思うが，「個人に関する情報」か否か，「特定の個人を識別できる」情報か否か，については，注意すべき点が指摘されている．
　まず，「個人に関する情報」について注意すべき点に関しては，高木による指摘が参考になる[17]．高木（2014）などによれば，「個人に関する情報」

---

[17] 高木（2014），またその他ウェブサイト（エンタープライズジン（EZ）内「「個人を特定する情報が個人情報である」と信じているすべての方へ―第1回プライバシーフリークカフェ（前編）」http://enterprisezine.jp/iti/detail/5752（2014年9月30日閲覧），高木浩光@自宅の日記内「2011年11月06日 何が個人情報なのか履き違えている日本」http://takagi-hiromitsu.jp/diary/20111106.html（2014年9月30日閲覧））等を参照．

は「個人を特定する情報」とは異なる．そして，この点を理解していない場合が多いと指摘されている．例えば，高木は，氏名，住所，閲覧履歴がセットになった情報について，「個人を特定する情報」という観点から氏名と住所部分のみを個人情報と考えるのは誤りで，氏名，住所，閲覧履歴すべてが「個人に関する情報」すなわち個人情報と考えなければならないと指摘している[18]．

つぎに，「特定の個人を識別できる」情報について注意すべき点であるが，本書においては，この点が重要である．

ある情報が特定の個人を識別できるか否か，という点に関しては，「個人識別性」という概念が重要になる．森は，「個人識別性には①当該情報に含まれる氏名等の情報によって特定の個人を識別できる場合と，②容易に照合することができる他の情報（容易照合性のある情報）により特定の個人を識別できる場合の 2 パターンがある（森 2014, p. 25）」としている．そのうえで，森は重要な点として「事業者の内部で情報を分けて管理する場合に，容易照合性をどのように考えるか（森 2014, p. 26）」という点と「個人識別性の有無を誰（の視点）を基準に判断するか（森 2014, p. 26）」という点を挙げている．

とくに注目したいのは後者の点である．この点について，基本的には，個人識別性の判断基準は当該情報を取り扱う事業者ということになるが，問題は第三者提供の場合であると森は指摘している．第三者提供の場合は，情報の提供元と提供先という二つの立場が存在する．このとき，「たとえば，顧客データベースの氏名・住所等を削除して代わりに固有の識別符号を振ったもの（このような処理を仮名化という）を第三者に提供する場合，提供元において識別符号と元の顧客データを紐づける対応表が残っていれば，提供元にとっては提供する情報は当然に個人識別性があることになる（森 2014, p. 26）」．ところが，提供先においては「個人識別性が失われている可

---

[18] 前脚注ウェブサイトを参照.

能性がある（森 2014，p. 26）」，ということになるのである．個人識別性の判断基準が提供先なのか提供元なのかについては通説に至っていないと森（2014）は指摘しており，曖昧性が存在する[19]．

　前節で示した JR 東日本の事案はこの個人識別性が問題となっていることが，森（2014）や，それを受けた石井（2014）において，つぎのように指摘されている．すなわち，JR 東日本は，日立製作所に提供したデータについて，氏名や連絡先を含めなかったことなどから個人情報に該当しないと考えていた．しかし，仮に提供元を基準とする場合は，少なくとも提供したデータと顧客データを紐づける対応表が破棄されていなければ個人情報に該当しないとはいえない．さらに，対応表が破棄されたとしても，データ自体を照合すれば顧客の特定が可能になる場合があり，その場合は個人情報に該当する可能性がある．乗降履歴（乗車駅，降車駅，またそれぞれの日時）を照合すれば，多くの乗降がある駅，日時のみで構成される乗降履歴でない限りは，顧客データと一対一で照合できるからである[20]．

　このように，個人情報保護上の個人情報には，氏名や住所のみならず，データ提供元における対応表の有無やデータ内容の特徴次第で，個人に関する情報のうち個人を識別できる部分を除いたデータ（先の例では乗降履歴）なども該当する可能性があることがわかる．また，同時に，同じ乗降履歴でも条件次第で個人情報に該当する場合としない場合があるなど，あるデータが個人情報か否かを判断するのは容易ではないこともわかる．

　一方で，パーソナルデータについてはどのように整理されるだろうか．例えば，経済産業省が設置した IT 融合フォーラムパーソナルデータワーキンググループでは，「パーソナルデータとは，2005 年（平成 17 年）より経

---

[19] 提供先と提供元のどちらが基準であるかの議論については，ウェブサイト（高木浩光@自宅の日記内「2014 年 04 月 23 日現行法の理解（パーソナルデータ保護法制の行方 その 2）」http://takagi-hiromitsu.jp/diary/20140423.html（2014 年 9 月 30 日閲覧））が参考になる．

[20] この点については，森（2014），石井（2014）の他，鈴木（2014）でも指摘されている．

済産業省において推進した「情報大航海プロジェクト」で用いられた「パーソナル情報」の概念を引用しており，個人情報保護法に規定する「個人情報」に限らず，位置情報や購買履歴など広く個人に関する個人識別性のない情報を含む．なお，2012年（平成24年）より総務省で開催されている「パーソナルデータの利用・流通に関する研究会」においても上記の概念と同様に個人識別性を問わない「個人に関する情報」を「パーソナルデータ」と定義している（IT融合フォーラムパーソナルデータワーキンググループ 2013, p. 1)」としている[21]．パーソナルデータについても，個人情報と同様，人によってそれが意味することは異なる．しかしながら，おおよそ，このように「個人情報＋個人に関する個人識別性のない情報」と整理することができるだろう．

1.2.2 本書で扱うデータは個人情報か，パーソナルデータか

前項の整理を踏まえ，本書で扱う「データ」について検討したい．本書では，第3章から第6章において，個別のデータを取り上げた実証分析をおこなっている．

本書で取り上げたデータの内容は，つぎのとおりである．

第3章：インターネットに関する契約ID・端末固有ID，インターネットの閲覧履歴

第4章：インターネットショッピングサイトにおける購入履歴・閲覧履歴

第5章：携帯電話の端末ID（端末識別番号ではない仮名化されたID），GPS位置情報（測位日時，経度＋緯度＋高度）

第6章：ホームエネルギーマネジメントシステム（HEMS）から収集される一般家庭の生活行動（寝ているか起きているか，など）のデー

---

[21] この引用からも，パーソナルデータとパーソナル情報についてはおおよそ同義と捉えて問題ないことがわかる．

タ

　ここで，本書では，「実際の」契約 ID データなどを利用して分析をおこなっているわけではないことを指摘しておきたい．たしかに，第 3 章から第 6 章において，上記のデータを取り上げている．しかしながら，本書では「このようなデータが存在した場合，どういう行動を取るか」ということをアンケートなどで質問し，その結果を分析する，表明選好法のアプローチをおもに採用している[22]．

　それでは，本書で分析にあたって想定した上記のデータは，個人情報に該当するのか．前項の整理に基づけば，第 3 章で取り上げる契約 ID・端末固有 ID は個人情報に該当するだろう．一方で，第 4 章で取り上げる購入履歴・閲覧履歴，第 5 章で取り上げる GPS 位置情報などは，ただちに個人情報に該当すると判断することはできない．これらのデータは，データ取得元（提供元）の顧客データと一対一で照合できるか否かで判断が変わるからである．実際には，多くの場合これらのデータは個人情報に該当する可能性が高い．しかし，本書の想定するデータは，例えば，ただ 1 冊の購入履歴といったデータを可能性として排除しない[23]．したがって，本書で扱うデータはパーソナルデータと定義するのが妥当であろう．

1.3　本書の構成

　ここまで，本書の背景とねらい，また，パーソナルデータと個人情報の関係を踏まえた本書で扱うデータの定義について述べてきた．次章以降の

---

[22]　表明選好法に対し，実際に観察された経済データなどをもとに経済価値などを分析する方法を顕示選好法という．本書で扱うパーソナルデータの経済価値のように，まだ実際の市場で十分に取引がおこなわれておらず，経済データが観測できないような場合には，表明選好法が有効となる．

[23]　むしろ，利用経験が豊富な利用者にとっての購入履歴と利用経験が浅い利用者の購入履歴で経済価値に差があるか，といった視点は，本書の分析で重要となる．

構成は，つぎのとおりである．

第2章では，パーソナルデータが活用される中心的な分野である情報通信産業について，その構造をあきらかにし，産業内の構造の点からもパーソナルデータが重要な位置づけとなっていることを示す．

第3章から第6章までは，個別具体的なパーソナルデータの経済価値に関する分析である．大きくは，利用者からみた分析（第3章，第4章）と事業者からみた分析（第5章と第6章）に分かれる．

第3章では，利用者がパーソナルデータを事業者の活動に利用されることに対していかなる懸念を有しているかについて，懸念の要因を分析する．

第4章では，競争に影響を与える要因として経済学的に分析されているスイッチングコストという観点から，パーソナルデータがどの程度の利用者のスイッチングコストとなっているかについて分析する．コストというマイナスの見方による経済価値の分析といえる．具体的には，インターネットショッピングサイトを取り上げる．

第5章では，将来的な事業者間のビッグデータとしてのパーソナルデータの取引，すなわち，ビッグデータ市場の成立可能性について分析する．GPS位置情報を取り上げ，どの程度の規模のビッグデータ市場が出現する可能性があるかについてあきらかにする．

第6章では，現在，新たなパーソナルデータ活用サービスとして注目されているホームエネルギーマネジメントシステム（HEMS）について分析する．HEMSが普及したときに，HEMSから得られるパーソナルデータを事業者がどのように評価するかについて検討する．

第7章は，本書のまとめである．

第1章補論　経済財としてのデータ

1　情報財の特質

　本書は，パーソナルデータを消費者と事業者，また事業者と事業者のあいだで取引される対象として捉えている．これは経済学では財と表現される．パーソナルデータを財として扱う場合，留意すべき点がある．それは，パーソナルデータがモノの財ではなく，情報財であるという点である．

　基礎的な経済学では，モノの財が対象として理論化され，分析される．しかしながら，情報財はモノの財と異なる特質を有するため，モノの財としての経済理論をそのまま適用することはできない．そこで，本補論では，情報財がどのような特質を有しているかについて整理したうえで，財としてのパーソナルデータの特質について確認しておきたい．

　情報財の特質に関する検討については Arrow（1962）などが存在するが，体系的にまとめられたものとして，情報の経済理論として提示された野口（1974）がある[1]．ここでは，はじめに野口（1974）で示された情報財の特質についてみる．

---

[1]　経済学においては，「情報の経済学」と呼ばれる分野がある．多くの場合，「情報の経済学」で扱われる「情報」とは，取引主体（売り手，買い手）が取引する財や相手についてどの程度知っているか（情報を持っているか）という意味での「情報」である．ミクロ経済学などでは，この意味での「情報」が不完全であったり非対称であったりすると市場メカニズムに任せることが望ましくない可能性があるた

野口（1974）は情報財の特質を6点にまとめている．6点の概要はつぎのとおりである．

1.1　ゼロの社会的限界費用

野口は，「いったん得られた情報は，その複製と伝達に必要な費用を除けば，社会全体としてはゼロの費用で無限に利用者を増加させることができる（野口1974, p. 40）」と指摘している．限界費用とは追加的1単位の生産にかかる費用であり，情報はコピーが可能であるから（USBなどの媒体のコストを除けば），情報の限界費用はゼロといえるということである．少なからず原材料費などがかかるモノの財とは大きく異なる特質といえる[2]．

1.2　取引の不可逆性

個人Aと個人Bとのあいだの取引に関して，「ひとたびAがある情報をBに引き渡してしまうと，もはや元の状態に「引き戻す」ことは不可能である．かりにAが情報の返還を求めたとしても，Bはすでにコピーを作ってしまっているので（簡単な情報なら単に記憶するだけで十分である），それは無意味である．すなわち，情報の取引は不可逆的（野口1974, p. 44）」であるといえる．モノの財であれば，（消費する前に，例えば食物であれば食べる前に，ということになるが）売買契約を取り消せば契約前の状態に戻せる，すなわち可逆的である，ということを踏まえた特質である．

1.3　強い外部効果

情報財の強い外部効果とは，「ある個人にとってある情報の有用度は，そ

め，以前より研究の対象となってきた．一方で，ここで扱う「情報」は財としての「情報」であり，同じ情報でも意味が異なるということを述べておく．
2）　なお，野口（1974）では，情報の限界費用がゼロであるという観点から，情報と（経済学でいうところの）公共財を検討している．財に関する分析として非常に重要であると思うが，本書では触れない．

の情報の彼自身の保有量のみでなく，他の個人の保有量によっても影響される（野口 1974, p. 45）」という効果である．野口（1974）では，新技術という情報について，一企業がその情報を独占していれば多額の利潤を得られる一方，多くの企業がその情報を知ってしまうと利潤は消滅するという例が示されている．これは，通常のモノの財とは異なる性質である[3]．ただし，野口（1974）では，すべての情報財がこの性質を持つわけではないことも指摘している[4]．

1.4　不可分性

情報財，とくに「プログラム情報やサービス財的情報については，一定の体系化された内容が全体として価値をもつことが多く，その一部分だけを切り離すと無価値になることが多い．すなわち，情報（ことにプログラム情報とサービス財的情報）は，不可分性のかなり強い財（野口 1974, p. 47）」という特質を持つ．ただし，野口（1974）においてもプログラム情報とサービス財的情報という限定的な言及がなされているように，すべての情報財に該当する特質とはいえない．

1.5　生産における不確実性

情報財には，生産および消費において不確実性が存在するという特質がある．野口（1974）では，Arrow（1962）によって示されたこれらの特質を再整理している．

このうち，生産における不確実性に関して野口は「工学的技術の生産（すなわち，研究・開発活動）は，そもそも未知の事柄を見いだそうとする活動であるから，不確実性はきわめて強い．ある場合には，「偶然」が最大のフ

---

[3]　通常のモノの財は，その財を他のどれほどが消費しようと，自身にとっての効用には影響がない．
[4]　野口（1974）では外部効果を持たない情報を消費財的情報と表現している．例えば，天気予報といった情報が該当するだろう．

ァクターであるともいいうるであろう．このような活動について，投入物（投入される労働力や資源の量）と産出物（研究成果）との間に安定的な定量的関係を見いだすことはほとんど不可能であろう（野口1974，p. 48)」と指摘しており，発見などによって得られる情報に関しては，その生産に不確実性が存在することを示している．

1.6 消費における不確実性

もう一方の，消費における不確実性について，野口（1974）ではArrow（1962）が示したパラドックス，すなわち，買い手にとって情報の価値は取引するまでわからない（情報の価値がわかるということは，その情報を知ってしまっている＝取引してしまっている），というパラドックスを示し，「情報の需要者は情報を得たのちでなければその内容を知ることができないから，取引に先だってその価値を評価することができない（野口1974，p. 49)」としている[5]．

2 パーソナルデータという情報財

つぎに，本書で扱うパーソナルデータが情報財としてどのような特質を持つかについて，前項の野口（1974）の整理にしたがって検討する．

2.1 ゼロの社会的限界費用

ゼロの社会的限界費用という特質は，ほぼすべての情報財に共通する特質であり，パーソナルデータについても該当する．パーソナルデータの生産者はさまざまなサービスの利用者である個人である．例えば，各個人は，複数のインターネットショッピングサイトに自身の名前などを登録するが，新しいサイトに新たに登録するコストは（手間を除けば）ゼロである．

---

[5] そのうえで，野口（1974）では，すべての情報が，Arrow（1962）が示したこの特質を持つわけではないということを指摘している．

第1章補論　経済財としてのデータ

社会的限界費用がゼロという情報財の特質に関連して，野口はつぎのように指摘している．

> 情報という経済財については，情報そのものの性質として，あるいは特別の法的保護によって制度的に，排除可能性が成立する場合がありうる…（中略）…情報がいったん生産されたのちにおいては，社会的効率の観点からは無料で公開されることが望ましいが，しかし，現実には必ずしもそうなってはいない．ここで，「いったん生産されたのちにおいては」という条件がついていることに注意しなければならない．なぜなら，排除可能な情報のすべてに対して無料公開の義務が課せられたとすれば，私的主体による情報生産のインセンティブは著しく減殺されるからである．すなわち，ここでは情報の**生産**に関する社会的効率の観点と，情報の**利用**に関する社会的効率の観点とが対立するのである（野口 1974, p. 43）．

ここで，排除可能性とは，財の生産者が使用者を物理的に排除できる可能性を意味している．法的保護によって制度的に（本来的に排除不可能な情報について）排除可能性を成立させるということは，特許権や著作権などによって，技術や創作に関して生産者以外が利用することを妨げることを意味している．パーソナルデータについては，そのなかの個人情報に該当するものについては，個人情報保護法が一定の排除可能性を成立させる法的保護となっているといえる．

ただし，野口の指摘に従えば，社会的効率の観点からみて法的保護による排除可能性の成立が妥当であるのは，生産に関する社会的効率が検討，考慮された場合においてのみということになる．しかしながら，パーソナルデータは，本来的に個人が有している情報や，個人の行動の結果として出現した情報であり，何らかのインセンティブが存在することによって生産

されるといったものではない[6]．つまり，パーソナルデータという情報財に関しては生産のインセンティブということを特段考慮する必要がなく，したがって，法的保護による排除可能性の担保は妥当でないということになる．この意味で，個人情報保護法といったパーソナルデータに関連する法的保護は，社会的効率という経済学的観点ではなく，プライバシーや人権といった別の観点から正当化されるということになろう．

2.2 取引の不可逆性

取引の不可逆性についても，ゼロの社会的限界費用と同様，ほぼすべての情報財に該当する特質であるといえ，パーソナルデータにも該当する．

パーソナルデータにおける取引の不可逆性は，パーソナルデータの生産者であり最初の売り手となる個人の，パーソナルデータの取引に対する情報の不完全性と関わる課題となる．なぜなら，取引の不可逆性のために，いったん取引が行われたのちにそれを取り消して取引前の状態に戻すことができないことから，個人が自身のパーソナルデータの価値や取引相手の情報を完全に把握していないために望ましくない取引をおこなってしまった場合，それを回復させることが通常の財以上に困難となるからである．

本書の目的である，パーソナルデータの経済価値をあきらかにすることは，個人の自身のパーソナルデータの価値に対する情報の不完全性を解消することに貢献すると位置付けることができるだろう．

2.3 強い外部効果

パーソナルデータは，個人の属性と行動履歴の関係を分析しマーケティングをおこなうといったかたちで活用される．このとき，事業者のデータ

---

[6] 将来，パーソナルデータの取引市場が成立し，財として活発に取引される時代が来れば，パーソナルデータを売るために意識的に「生産する」ということもあるかもしれないが，現時点でパーソナルデータの生産自体を目的として個人が行動するという事態は考えにくい．

分析能力やマーケティング能力に差が無いことを前提とした場合には、論理的には同じパーソナルデータからは同じ分析結果やマーケティングへの知見が得られることになる。したがって、特定のパーソナルデータから超過利潤が得られるかどうかは、他の事業者がそのパーソナルデータを有しているかどうかに関わるので、この意味において、外部効果が存在しないとはいえないだろう。

しかし、現実には、すべての事業者がまったく同じ事業をおこなっているわけではなく、また、事業者によってデータの分析能力やマーケティングの方針は異なると考えられる。よって、パーソナルデータについては、強い外部効果は基本的に存在しないと考えていいのではないか[7]。

2.4　不可分性

パーソナルデータのかたちとしては、例えば「年代、性別、購入履歴のデータセット」というようなものが考えられる。このとき、年代と性別と購入履歴が分割され、紐づけられないデータとなっても、データとして無価値にはならない。したがって、不可分性という特質は、厳密にはパーソナルデータには該当しない。

ただし、パーソナルデータの活用を考えると、データの種類の数（前述の例では年代、性別、購入履歴の3つ）とデータとしての価値は、比例的というよりもむしろ指数関数的に大きくなると思われる。この点を踏まえると、パーソナルデータにおいては、多くの種類が組み合わされることによる価値の増大という視点が重要であろう[8]。

[7) 別の視点として、他と比較してきわめて大きな価値を持つ（きわめて有益なマーケティングへの知見が得られる）特定のパーソナルデータが存在するということを考えると、そのパーソナルデータについては外部効果が存在することになる。ただし、多くの場合、パーソナルデータは大量のデータとして統計的に分析し活用されるのであり、ただ一つのパーソナルデータで価値を持つということは考えにくい。

2.5 生産における不確実性

パーソナルデータの中身は，多くの場合，年代や性別といった個人の属性情報や，移動履歴や購入履歴といった個人の行動履歴である．これらについては，個人が本来的に有している情報や行動に応じて得られることがわかっている情報といえ，生産における不確実性は存在しないといえる．

パーソナルデータを情報財としてみた場合，むしろ生産における不確実性が存在しないということが大きな特質といえるのではないか．生産における不確実性が存在しないからこそ，パーソナルデータを活用したい事業者は安定的なパーソナルデータの入手と活用が見込めることとなる．

2.6 消費における不確実性

パーソナルデータの買い手は，取引の前からどういった要素が含まれたパーソナルデータを取引するのかについては分かることから，基本的にパーソナルデータに関して消費における不確実性は存在しないといえる[9]．

ところで，野口（1974）は，消費における不確実性の存在によって，買い手がその情報について取引前に評価ができない点を指摘している．この点に関連して，パーソナルデータにおいては「取引するパーソナルデータの内容は分かるが，それがどれほど自身にとって価値があるかはわからない」という意味での不確実性は存在するかもしれない．パーソナルデータは市場で活発に取引されているという現状ではなく，十分に扱った経験がある一部の事業者以外はその価値を完全に把握していない可能性があるか

---

8) 本書では，基本的に特定のパーソナルデータのセットを想定し，その価値を分析している．データの種類の追加オプションについて検討している分析も行っているが，必ずしも「あるパーソナルデータに新たな種類が加わるとどれほど価値が増大するか」という視点の分析が十分とはいえない．この点は今後の課題である．

9) 当然，例えば「年代」情報を取引することは事前に分かっているが，その中身が「20代」かどうかは分からない．ただし，パーソナルデータの買い手にとっては，「どういう要素のデータが含まれるか」という点が重要であり，この点において消費の不確実性は存在しないということである．

らである[10]. 本書はまさにこの点をあきらかにしようとするものである.

---

[10] 価値を完全に把握していないという意味での不確実性は,消費の主体(パーソナルデータの買い手)だけでなく,生産の主体(パーソナルデータの売り手,端的には個人)にも存在すると考えられる.

第2章　情報通信産業の構造と競争状況

2.1　はじめに

　本章の目的は，パーソナルデータが活用される中心的な分野である情報通信産業について，その構造をあきらかにすることである．

　現在，パーソナルデータは情報通信産業のみならず，さまざまな産業において活用されている．しかしながら，多くのパーソナルデータはインターネットを通じて収集される．また，情報通信産業では，収集されたパーソナルデータをリアルタイムで個人へのレコメンド機能に用いるなど，その活用の幅も広い．これらの状況を踏まえれば，情報通信産業こそがパーソナルデータ活用の中心的分野といえるのではないか．

　そこで，本章では，情報通信産業内部の構造の点からパーソナルデータが重要な位置づけとなっていることを示すとともに，パーソナルデータが活用されることによる競争への影響，その影響への対応について検討する．情報通信産業は，本質的に市場メカニズムに任せた自由な競争が経済学的に望ましくない可能性があることから，以前よりその競争を分析し，必要に応じて政策的対応が採られてきた．この点を鑑みれば，これからの情報通信産業の競争を分析する際に，パーソナルデータ活用の進展という要素を考慮に加える必要性を検討すべきだろう．

　以下では，情報通信産業の構造，競争の現状，競争の分析枠組みを整理したうえで，パーソナルデータが活用されるサービスの競争に対する評価

の要点を検討する.

2.2 情報通信産業の状況

2.2.1 情報通信産業のレイヤー構造

　情報通信産業の構造をみる前提として，まずは情報通信産業の範囲を画定することとする．パーソナルデータの定義と同様，情報通信産業の定義も多様である．ここでは，総務省の情報通信産業の捉え方を参考としたい[1]．

　図2.1は，情報通信産業の全体像を示したものである．図2.1からは，情報通信産業は特定のサービスを提供するレイヤー（層）から成る構造として捉えられることがわかる．すなわち，コンテンツ・アプリケーションレイヤー，プラットフォームレイヤー，通信レイヤー，端末レイヤーの4つのレイヤーである[2]．

　情報通信産業で提供されるサービスにはさまざまなものがあるが，例えばインターネットで動画を検索して楽しむことを考えてほしい．このとき，サービスを楽しむためには，そもそも端末とOS，インターネットを利用するためのWebブラウザが必要である．さらに，インターネットに接続するための通信インフラやISP，検索するためのプラットフォームとなるポータルサイト，動画を見るためのプラットフォームとなる動画サイト，そして，楽しむ対象となる動画コンテンツが必要となる．私たちが情報通信サービスを利用するためには，多くの場合これら4つのレイヤーが必要となる．

　本来，産業とは特定の財，サービスを供給する売り手の集団を指す用語

---

[1]　ただし，ここで参考とするのは総務省の電気通信事業分野の捉え方である．総務省の電気通信事業分野には，放送事業などは含まれていない．したがって，本章での情報通信産業の定義は，通信分野に関連した，若干狭い定義となっている．
[2]　プラットフォームレイヤーは，さらにサービス系と端末系に分類することができる．

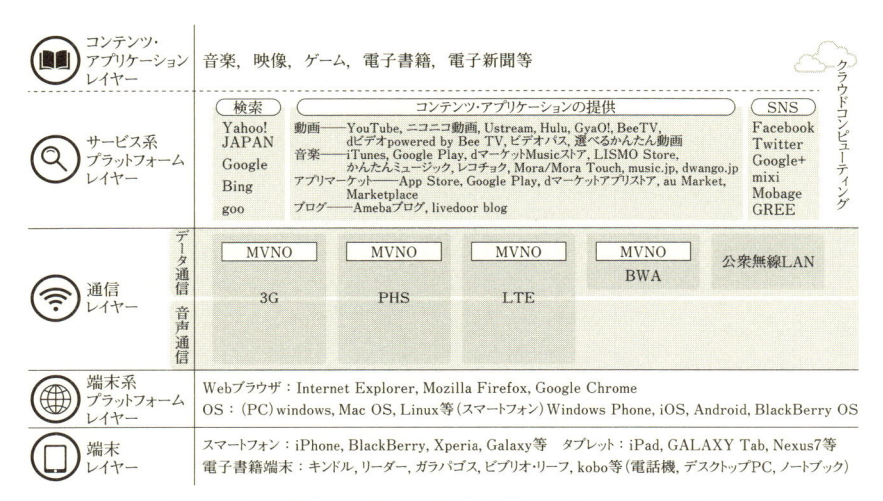

図2.1 情報通信産業の全体像（高口 2014b, p. 53）

コンテンツ・アプリケーションレイヤー	音楽，映像，ゲーム，電子書籍，電子新聞等
サービス系プラットフォームレイヤー	【検索】Yahoo! JAPAN, Google, Bing, goo／【コンテンツ・アプリケーションの提供】動画——YouTube, ニコニコ動画, Ustream, Hulu, GyaO!, BeeTV, dビデオpowered by Bee TV, ビデオパス, 選べるかんたん動画／音楽——iTunes, Google Play, dマーケットMusicストア, LISMO Store, かんたんミュージック, レコチョク, Mora/Mora Touch, music.jp, dwango.jp／アプリマーケット——App Store, Google Play, dマーケットアプリストア, au Market, Marketplace／ブログ——Amebaブログ, livedoor blog／【SNS】Facebook, Twitter, Google+, mixi, Mobage, GREE
通信レイヤー（データ通信／音声通信）	MVNO（3G）／MVNO（PHS）／MVNO（LTE）／MVNO（BWA）／公衆無線LAN
端末系プラットフォームレイヤー	Webブラウザ：Internet Explorer, Mozilla Firefox, Google Chrome／OS：（PC）windows, Mac OS, Linux等（スマートフォン）Windows Phone, iOS, Android, BlackBerry OS
端末レイヤー	スマートフォン：iPhone, BlackBerry, Xperia, Galaxy等　タブレット：iPad, GALAXY Tab, Nexus7等／電子書籍端末：キンドル，リーダー，ガラパゴス，ビブリオ・リーフ，kobo等（電話機，デスクトップPC，ノートブック）

（クラウドコンピューティング）

であるから[3]．この意味で複数のレイヤー，すなわち複数のサービスを情報通信産業というひとつの産業として括り定義するのは正しくないかもしれない．しかしながら，当該分野においては，サービスの消費者は，各レイヤーから直接サービスを受ける（各レイヤーと直接取引する）という特徴がある[4]．前述の例でいえば，消費者は端末，Webブラウザ，通信インフラ，動画サイト，動画コンテンツなどを，それぞれ個別に直接選択し，全体としてひとつのサービスを完成させる．この特徴を踏まえ，複数のレイヤーを総合して情報通信産業と定義した．

---

[3]「今，当該商品およびそれと密接な代替関係にある商品を供給する企業群が把握できるとしよう．このような同種製品を供給し，市場で互いに競合関係にある企業の一群を産業と呼ぶ．（新庄 1995, p.3）」

[4] 我々が自動車を購入するとき，（いくつかのオプションは存在するものの）ボディの鉄鋼，ミラーのライト，エンジンなどを個別に選択し，それぞれ別のメーカーと取引するというようなことはない．

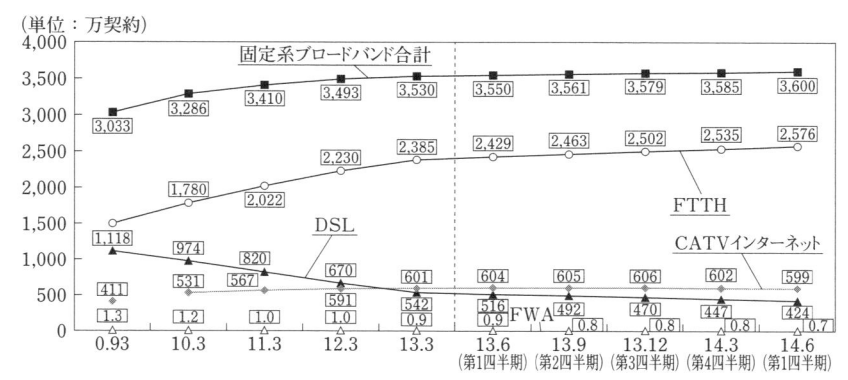

図 2.2 固定系ブロードバンド契約数の推移（総務省 2014b，別添 p. 6）

2.2.2 通信レイヤーの競争状況

本項では，情報通信産業のなかで実際にデータを伝送する通信レイヤーについて，総務省が四半期ごとに公表しているデータを参照し，おもな通信サービス競争状況を概観する[5]．

図2.2は，固定系ブロードバンドの契約数の推移を示したものである．ここで総務省は固定系ブロードバンドをFTTH（光ファイバ），DSL（メタル回線），CATVインターネット，FWA（Fixed Wireless Access）として集計している．

固定系ブロードバンドの契約数は，2014年6月末時点で約3,600万契約となっている．固定系ブロードバンド全体の契約数は，2013年頃より横ばい傾向が続いており，一定程度普及が落ち着いたことがうかがえる．一方で，その内容をみると，DSLについては減少傾向が続いていることがわかる．依田（2007）が指摘している「FTTHサービスへのマイグレーション（依田2007，p.210）」が，現在でも引き続き進行していることがわかる．

図2.3は，固定系ブロードバンド契約数の事業者シェアを示したもので

---

[5] 総務省は，四半期ごとにデータを公表しているほか，年度ごとに，より詳細な分析，評価をおこなった「電気通信事業分野における競争状況の評価」を公表して

第2章　情報通信産業の構造と競争状況　　　　　　　　　　31

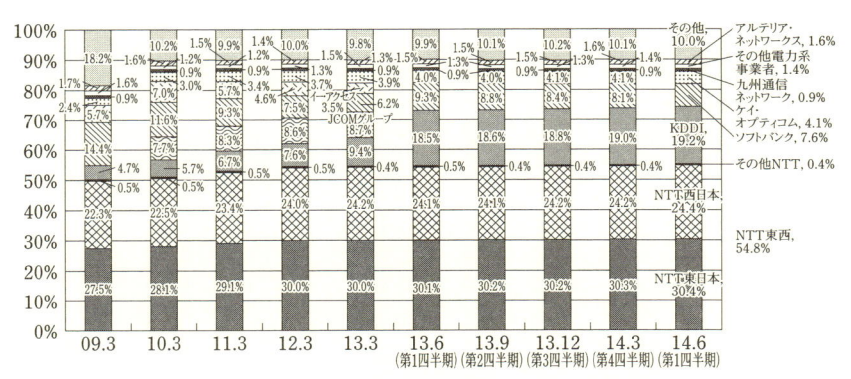

図2.3　固定系ブロードバンド契約数の事業者シェア（総務省 2014b, 別添 p. 6）

ある．2014年6月末時点で，NTTグループ（東西およびその他），KDDI，ソフトバンクの3者で8割以上の固定系ブロードバンドサービスが提供されていることがわかる．

各事業者のシェアの推移についてみると，前述の3者については2013年度第1四半期以降，NTT東西はほぼ横ばい，KDDIが若干の増加，ソフトバンクが若干の減少という傾向になっているが，大きなシェアの変動はみられない．これは，NTT東西の提供する固定系ブロードバンドサービスがFTTH中心であり，KDDIも現在提供しているのはFTTHであるのに対し，ソフトバンクが提供するブロードバンドサービスが減少を続けるDSL中心であることから理解できる[6]．

図2.4は，携帯電話などの移動系通信の契約数の推移を示したものである．ここで，総務省は移動系通信を携帯電話，PHS，BWA（Broadband

---

おり，これについては後に取り上げる．「電気通信事業分野における競争状況の評価」の本書執筆時点での最新版は「電気通信事業分野における競争状況の評価2013」（2014年10月10日報道発表）である．これは2014年3月末時点までのデータにもとづく，分析であるため，ここではこれに依拠するのではなく，本書執筆時点で最新の四半期データにもとづき，市場の状況を概観する．

6)　FTTH, DSLのシェア等の詳細は引用元である総務省（2014b）を参照．

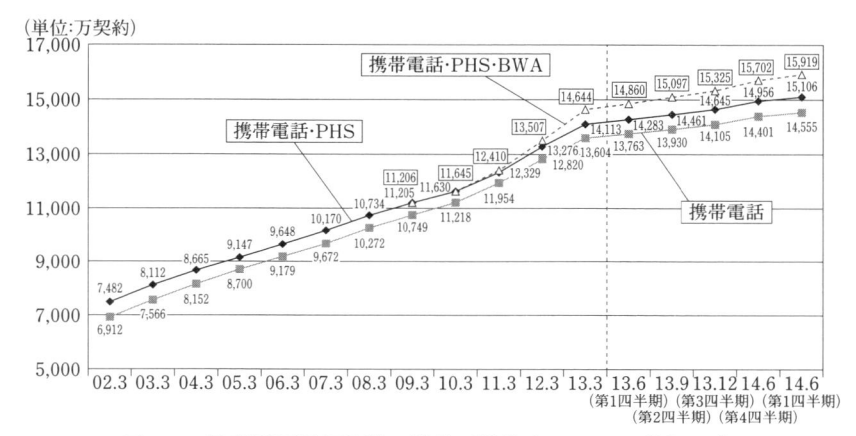

図 2.4 移動系通信契約数の推移（総務省 2014b, 別添 p. 1）

Wireless Access）と定義している．また，この契約数には MVNO（Mobile Virtual Network Operator：移動通信事業者の無線ネットワークを活用して多様な移動通信サービスを提供する事業者[7]）も含まれている．

　移動系通信の契約数は，2014 年 6 月末で 1 億 5,919 万契約となっている．携帯電話と PHS の契約数が 1 億件を超えた 2007 年 3 月以降も一定の件数での増加傾向が続いている．現在の日本の人口，また，これからの人口推移の予測を踏まえれば，現在すでに「複数台持ち」という状況が存在すると考えられ，今後，携帯電話を複数台持つ利用者が多少増加したとしても，全体として大きな契約数の伸びは見込めないのではないか．また，この携帯電話の契約数は，近年普及が進んでいるスマートフォンと，フィーチャフォンと呼ばれる従来の携帯電話が区別なく集計されている．スマートフォンではインターネットを利用したさまざまなサービスが利用できるなど，フィーチャフォンとは異なる点が多いことから，今後は，この携帯電話の

---

[7] この定義は，総務省（2008）による定義である．

第 2 章　情報通信産業の構造と競争状況

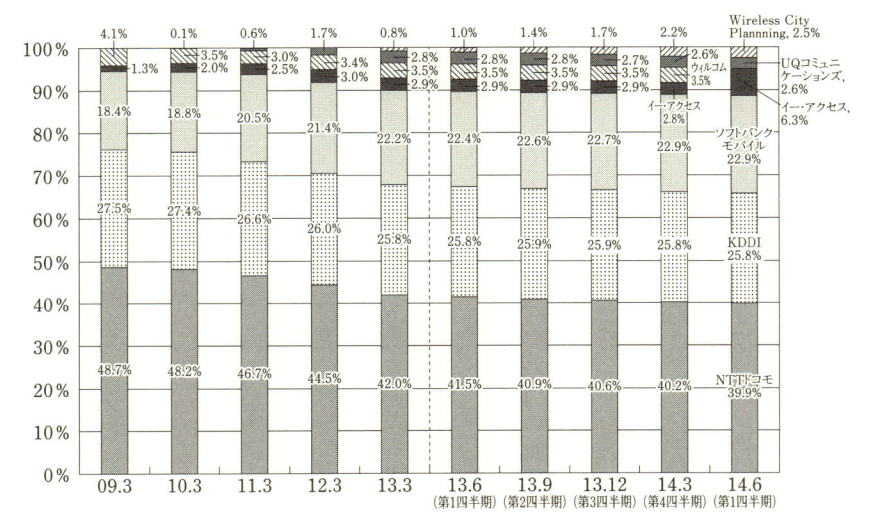

図 2.5　移動系通信契約数の事業者シェア（総務省 2014b, 別添 p. 2）

区別に着目することも重要であろう[8]．

図 2.5 は，移動系通信契約数の事業者別シェアを示したものである．NTT ドコモ，KDDI，ソフトバンクモバイルの 3 者で 9 割近くのシェアを占める状況が続いている．このなかで，NTT ドコモのシェアは減少傾向がみられる．

さらに，図 2.6 は，事業者シェアをグループ別にみたものである．ここで，KDDI グループは KDDI，沖縄セルラー，UQ コミュニケーションズであり，ソフトバンクグループはソフトバンクモバイル，イー・アクセス，ウィルコム[9]，Wireless City Planning である．グループ別にみると，3 グループのシェアはほぼ変動していないことがわかる．

---

[8]　この点に関連して，総務省が四半期ごとに公表しているデータにおいて，現在ではデータ通信に限った移動系の契約数も公表されている．

[9]　ウィルコムは 2013 年度第 4 四半期まで．

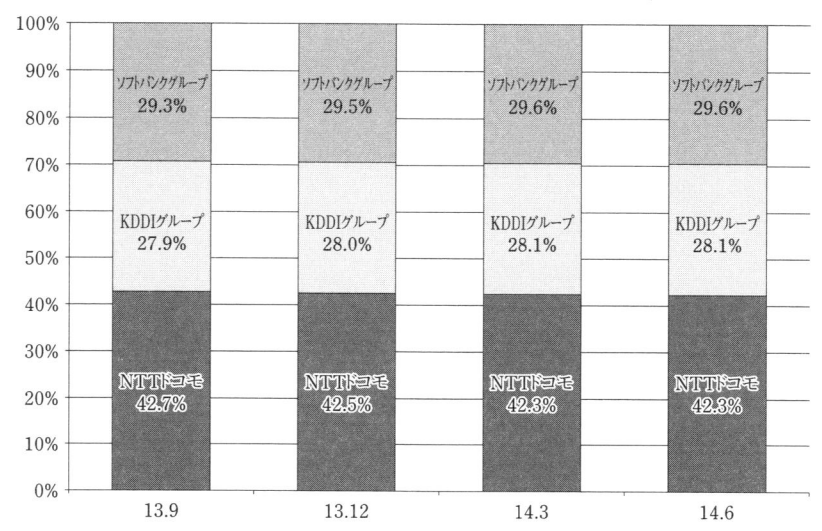

図 2.6 移動系通信契約数のグループ別事業者シェア（総務省 2014b, 別添 p. 2）

2.3 市場メカニズムと規制

2.3.1 情報通信産業と市場メカニズム

　情報通信産業の各レイヤーにおける多くの市場，とくに通信レイヤーは，その特質から，ミクロ経済学的観点（資源配分の効率性）からは市場メカニズムに任せた自由な競争が望ましくない可能性がある．

　ミクロ経済学の観点からは，市場が完全競争市場であるなどの条件を満たせば，資源配分効率上，市場メカニズムに任せることが望ましいとされる．一般に，完全競争市場は①多数（無限）の売り手及び買い手の存在，②市場で取引される財の同質性，③売り手及び買い手の財に関する情報の完全な把握，④市場への参加及び市場からの撤退の自由，の4つの条件が満

たされる必要がある[10]．

しかし，情報通信産業の各市場についてみると，これらの条件が満たされない場合を多く目にする．例えば，FTTHなどの通信インフラの構築，管理などには莫大な固定費がかかることから，現実の市場規模に対応する生産（サービスの提供）においては平均費用が逓減するという規模の経済性が発生するため，「自然独占性」が存在すると言われる．

また，情報通信産業に特徴的だが，ネットワークをサービスとして提供する市場に関しては，そのサービスの価値が「当該ネットワークにどれだけの加入者が加入しているか」に依存する「ネットワーク外部性」が存在するため，これも独占の要因となる[11]．近年の最たる例は，twitter，facebook，LINEなどに代表される，SNS（ソーシャル・ネットワーキング・サービス）と呼ばれるネットワークサービスである．「加入者が自分ひとりのfacebook」は，いくらその機能が充実していても価値はない．

独占市場は「多数の売り手」という条件を満たさないため，当然，完全競争市場ではない[12]．これらの例を見ても，情報通信産業について無批判に市場メカニズムを適用させてはならないことが分かる[13]．

2.3.2 通信レイヤーに関わる規制

前項のとおり，通信レイヤーにおいては市場メカニズムに任せることが望ましくない可能性があり，このため実際に一定の規制や競争のチェック

---

10) ここでは，今泉・須賀・渡辺（2001）の整理を用いた（今泉・須賀・渡辺 2001, pp. 153-154）．完全競争市場の分析については，他にも西村（1990）等の一般的なミクロ経済学の教科書を参照されたい．
11) ネットワーク外部性については，実積（2010）を参照．
12) 情報通信産業に限らず，現実のほぼすべての市場で「厳密に」完全競争市場の条件が満たされてはいないだろう．しかし，情報通信分野は，とくに完全競争市場を満たさない状況が多い分野といえるのではないか．
13) 情報通信産業の競争に関して注意しなければならないもう一つの特質として，おもにコンテンツレイヤーで取引される，情報財という財の特質がある．情報財の詳細については，前章補論を参照．

機能が存在する．本項では，はじめに通信レイヤーに関する規制の状況について概観したい．

情報通信産業に関する規制は，NTT グループに関する日本電信電話株式会社等に関する法律（NTT 法）と，電気通信事業者全般に関する電気通信事業法にもとづいている[14]．NTT 法は，NTT グループの持株会社である NTT（日本電信電話株式会社）と，地域会社である NTT 東日本（東日本電信電話株式会社），NTT 西日本（西日本電信電話株式会社）に対し，ユニバーサルサービス提供の責務，研究推進，成果普及の責務，業務範囲の規制などを課すものである．また，持株会社に対しては，外資規制なども課されている．

電気通信事業法は，電気通信事業者全般に対し，一定の規模を有する事業者に対しては登録や届出を求めるという参入に関する規制を課しているとともに，特定の電気通信事業者に対しては行為規制を課している．電気通信事業法の変遷は図 2.7 のとおりである．

電気通信事業法の規制に関しては，固定系と移動系としてそれぞれ指定電気通信設備制度として構築されている．図 2.8 は指定電気通信設備制度の概要である．指定電気通信設備制度は，固定系の第一種指定電気通信設備制度と，移動系の第二種指定電気通信設備制度から形成されている．両方とも，加入者回線や端末設備といった設備ベースのシェアを基準に事業者が指定される．現在指定されている事業者は，固定系は NTT 東日本および NTT 西日本，移動系については 2002 年に NTT ドコモ，沖縄セルラーが指定されて以降，2005 年には KDDI，2012 年にはソフトバンクモバイルが指定されている．指定された事業者は，接続や利用者料金に関連する規制を課されるともに，特定の行為が禁止される行為規制も課されることとなる[15]．

---

14) 規制の詳細，また歴史的変遷については，両法律，また福家（2007），実積（2010）を参照．

第 2 章　情報通信産業の構造と競争状況　　37

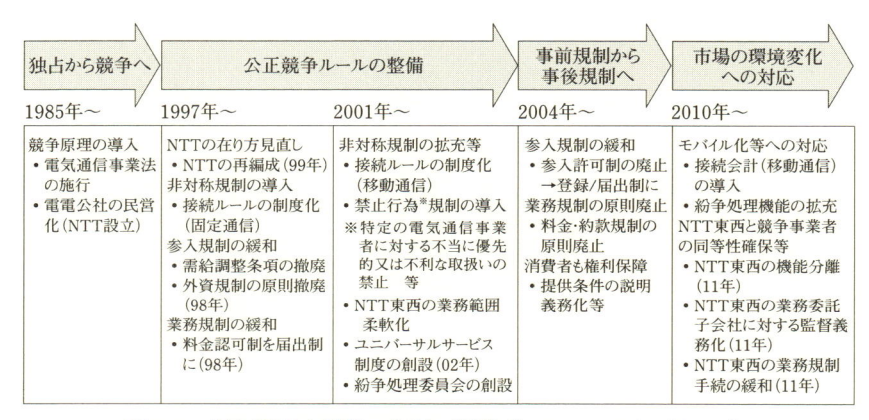

独占から競争へ	公正競争ルールの整備		事前規制から事後規制へ	市場の環境変化への対応
1985年〜	1997年〜	2001年〜	2004年〜	2010年〜
競争原理の導入 ・電気通信事業法の施行 ・電電公社の民営化(NTT設立)	NTTの在り方見直し ・NTTの再編成(99年) 非対称規制の導入 ・接続ルールの制度化(固定通信) 参入規制の緩和 ・需給調整条項の撤廃 ・外資規制の原則撤廃(98年) 業務規制の緩和 ・料金認可制を届出制に(98年)	非対称規制の拡充等 ・接続ルールの制度化(移動通信) ・禁止行為※規制の導入 ※特定の電気通信事業者に対する不当に優先的又は不利な取扱いの禁止　等 ・NTT東西の業務範囲柔軟化 ・ユニバーサルサービス制度の創設(02年) ・紛争処理委員会の創設	参入規制の緩和 ・参入許可制の廃止→登録/届出制に業務規制の原則廃止 ・料金・約款規制の原則廃止 消費者も権利保障 ・提供条件の説明義務化等	モバイル化等への対応 ・接続会計(移動通信)の導入 ・紛争処理機能の拡充 NTT東西と競争事業者の同等性確保等 ・NTT東西の機能分離(11年) ・NTT東西の業務委託子会社に対する監督義務化(11年) ・NTT東西の業務規制手続の緩和(11年)

図 2.7　電気通信事業法の経緯（総務省 2014a, スライド 44）

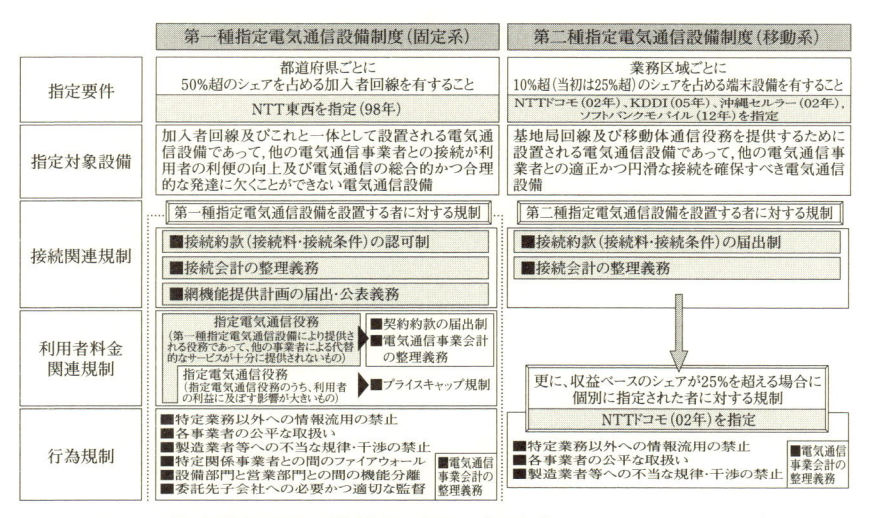

	第一種指定電気通信設備制度(固定系)	第二種指定電気通信設備制度(移動系)
指定要件	都道府県ごとに50%超のシェアを占める加入者回線を有すること NTT東西を指定(98年)	業務区域ごとに10%超(当初は25%超)のシェアを占める端末設備を有すること NTTドコモ(02年)、KDDI(05年)、沖縄セルラー(02年)、ソフトバンクモバイル(12年)を指定
指定対象設備	加入者回線及びこれと一体として設置される電気通信設備であって、他の電気通信事業者との接続が利用者の利便の向上及び電気通信の総合的かつ合理的な発達に欠くことができない電気通信設備	基地局回線及び移動体通信役務を提供するために設置される電気通信設備であって、他の電気通信事業者との適正かつ円滑な接続を確保すべき電気通信設備
接続関連規制	第一種指定電気通信設備を設置する者に対する規制 ■接続約款(接続料・接続条件)の認可制 ■接続会計の整理義務 ■網機能提供計画の届出・公表義務	第二種指定電気通信設備を設置する者に対する規制 ■接続約款(接続料・接続条件)の届出制 ■接続会計の整理義務
利用者料金関連規制	指定電気通信役務(第一種指定電気通信設備により提供される役務であって、他の電気通信事業者による代替的なサービスが十分に提供されていないもの) ■契約約款の届出制 ■電気通信事業会計の整理義務 指定電気通信役務(指定電気通信役務のうち、利用者の利益に及ぼす影響が大きいもの) ■プライスキャップ規制	更に、収益ベースのシェアが25%を超える場合に個別に指定された者に対する規制 NTTドコモ(02年)を指定
行為規制	■特定業務以外への情報流用の禁止 ■各事業者の公平な取扱い ■製造業者等への不当な規律・干渉の禁止 ■特定関係事業者との間のファイアウォール ■設備部門と営業部門との間の機能分離 ■委託先子会社への必要かつ適切な監督　電気通信事業会計の整理義務	■特定業務以外への情報流用の禁止 ■各事業者の公平な取扱い ■製造業者等への不当な規律・干渉の禁止　電気通信事業会計の整理義務

図 2.8　指定電気通信設備制度の概要（総務省 2014a, スライド 51）

2.3.3 「電気通信事業分野における競争状況の評価」

つぎに，情報通信産業に関する競争状況の評価機能についてみる．情報通信産業については，市場メカニズムを補完する存在としての規制が有効に機能しているかなどについて検討するため，その競争を詳細に分析する必要がある．そのひとつの取組みとして，総務省が毎年度実施している「電気通信事業分野における競争状況の評価」（以下，「競争評価」という．）が挙げられる[16]．

「競争評価」は，「急速な情報通信技術（ICT）の進展，これに伴う市場構造の変化及び新たなビジネスモデルの登場を踏まえ（総務省 2012b，p. 4）」，「電気通信事業の公正な競争を促進するための施策の一環（総務省 2012b，p. 4）」として，2003 年度より毎年度実施されている．「競争評価」は特定の市場を継続的，定点的に評価する「定点的評価」と，毎年度の注目すべきトピックを取り上げる「戦略的評価」の 2 部構成となっており，このうち本書執筆時点で最新となっている 2013 年度の競争評価においては，「定点的評価」では，音声通信領域，データ通信領域，法人向けネットワーク領域の 3 領域について，それぞれ市場を画定し，競争状況を評価している．これまでの競争評価の取組みと 2013 年度の競争評価についてまとめたものが図 2.9 である．

「定点的評価」における各市場の競争状況の分析，評価については，規模の経済性，範囲の経済性，ネットワーク効果（ネットワーク外部性），隣接市場からの競争圧力などが定性的要因として検討されるとともに，市場シェアや市場集中度などの定量的指標に基づいて実施される．合わせて，不可欠設備の存在や従来の競争状況といった実際上の要因や，利用者の満足

---

15) 図 2.8 にあるとおり，第二種電気通信設備制度における行為規制については，設備ベースの基準に加え，収益ベースでの基準からも判断されており，現在行為規制が課されているのは NTT ドコモである．

16) 最新版については，総務省（2014c）を，またその基本的な方針については総務省（2012b）を参照のこと．

第2章 情報通信産業の構造と競争状況

◆ 競争評価は、試行段階の第一期（03〜05年度）、戦略的評価を行った第二期（09年度〜）にいたっている。
◆ 2012年度は、2011年度の対象領域・市場の構成は原則として維持しつつ、LTE、BWAの急成長をはじめとした環境変化に対応した分析・評価を実施した。2013年度は、対象領域・市場の構成を前年度から踏襲した上で、新たなサービスの実態等を踏まえて、企業グループ内の連携サービス等の動向について分析・評価を実施する。
◆ 2013年度の評価結果は、公正競争レビューのほか、情報通信分野の競争政策の検証・見直し（*）に適宜活用する。

(*) 本年6月に公表された日本再興戦略において、「料金低廉化・サービス多様化のための情報通信分野の競争政策の見直し」について、2013年度中に検証プロセスを実施し、2013年度中に検討課題を洗い出しをして、2014年中に一定の結論を得ることとされている。

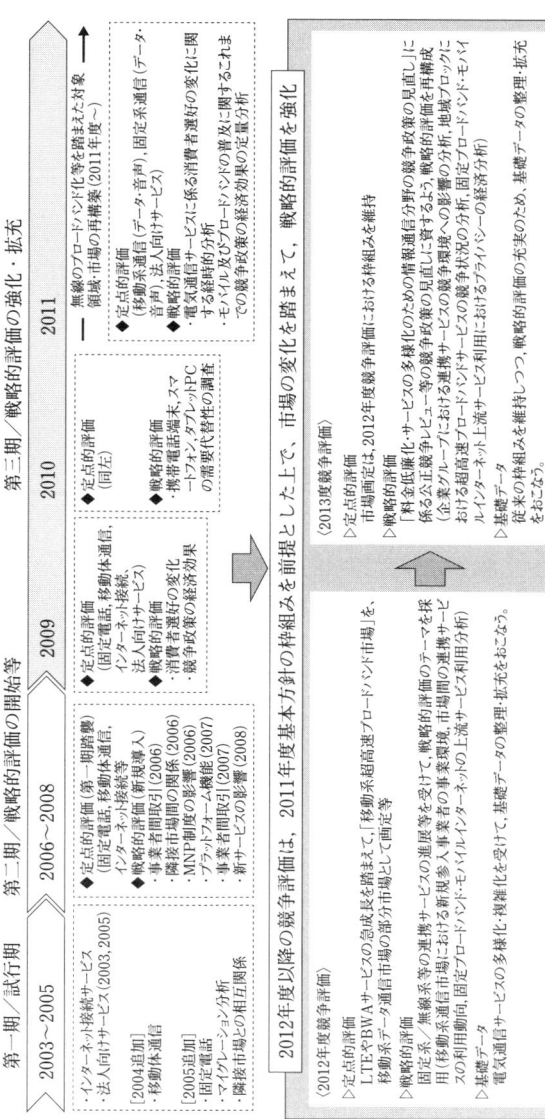

第一期／試行期	第二期／戦略的評価の開始等	第三期／戦略的評価の強化・拡充
2003〜2005	2006〜2008	2009　2010　2011

〈2012年度競争評価〉
▷定点的評価
LTEやBWAサービスの急成長を踏まえて、「移動系超高速ブロードバンド市場」を、移動系データ通信市場の部分市場として画定
▷戦略的評価
固定（移動）系、無線系サービス等の連携の進展等を受けて、戦略的評価のテーマとして採用（移動系通信市場における新規参入事業者等、市場間の連携サービスの利用動向、固定ブロードバンド・モバイルインターネットの上流サービス利用分析
▷基礎データ
電気通信サービスの多様化・複雑化を受けて、基礎データの整理・拡充をおこなう。

〈2013度競争評価〉
▷定点的評価
市場画定は、2012年度競争評価における枠組みを維持
▷戦略的評価
「料金低廉化・サービス多様化等の競争政策の見直しに係る公正競争レビュー」における連携サービスの競争環境への影響の分析、地域ブロックにおける超高速ブロードバンドサービスの競争状況の評価、固定ブロードバンド・モバイルインターネット上流サービス利用におけるプライバシーの経済分析
▷基礎データ
従来の枠組みを維持しつつ、戦略的評価の充実のため、基礎データの整理・拡充をおこなう。

図2.9 競争評価の概要（総務省 2013b、スライド3）

度や得られる情報の十全性などの利用者視点の要因も考慮されており,「競争評価」は情報通信産業の競争を詳細に分析できるものとなっているとともに,今後その役割はいっそう重要なものとなるだろう.

2.4 レイヤー間関係

2.4.1 競争に関する新たな展開

　一方で,現実の情報通信産業の競争を見ると,新たな展開が起こっていることに注目しなければならない.ここでは,この新たな展開を2段階にまとめたい.

　はじめに注目する展開は,情報通信産業における競争に対するコンテンツ・アプリケーションレイヤー,プラットフォームレイヤーの影響に関する展開である.

　情報通信産業の競争に関しては,これまで通信レイヤーが議論の中心であった.通信レイヤーに自然独占性が存在すること,通信の高速化やブロードバンドゼロ地域の解消といった解決の途上にあった重要な課題が存在していたことを考えると,それは当然であったといえる.「競争評価」においても,あくまでも分析,評価の対象は通信レイヤーである[17].

　しかし,近年では,「その通信ネットワーク上で,いかなるサービスが提供されるか」という,コンテンツやプラットフォームを含めた競争に関心が集まっている.「OTT (Over The Top)」という用語が頻繁に用いられるのも,その傍証であろう.なお,端末レイヤーについても,タブレットに代表される新たな機種が登場しているほか,今後のウェアラブルコンピュータの発達など,注視すべき点は多いことを付記しておきたい.

　このようなコンテンツ・アプリケーションレイヤー,プラットフォームレイヤーの影響に関する展開に関して,前述の「競争評価」も無視してい

---

17) もちろん,これは総務省の所管という観点も大きい.

るわけではなく，むしろ積極的に分析に取り入れている．最新の基本方針では「定点的評価」における分析に用いる定性的要因として「ネットワークレイヤー以外の上位・下位レイヤーの動向」が挙げられている．また，2011年度の「戦略的評価」では「固定ブロードバンド・モバイルインターネットの上流サービス利用分析」が取り上げられている．このような分析視点は，今後いっそう強化する必要があるだろう．

2.4.2 二面市場

情報通信産業における競争に対するコンテンツ・アプリケーションレイヤー，プラットフォームレイヤーの影響に関する展開に関連して，市場のある特性について言及しておきたい．本書が情報通信産業をコンテンツ・アプリケーションレイヤー，プラットフォームレイヤー，通信レイヤー，端末レイヤーの4つのレイヤーで捉えているように，実際の情報通信サービス提供には通信レイヤー以外のレイヤーが不可欠である．さらに，無線ブロードバンドが今後普及すれば，いっそう充実したコンテンツが提供可能となるなど，前述のように通信レイヤー以外のレイヤーの重要性が高まる可能性がある．

そこで，通信レイヤー以外のレイヤーを含めた評価のスキームの妥当性を検討するためのひとつの視点として，二面市場という市場の特性を提示する．

二面市場とは，two-sided market，両面市場，双方向市場とも呼ばれているが，ある供給者が異なる二つのユーザーグループにサービスを提供しており，この二つのグループの間に間接ネットワーク効果が働いている市場のことをいう．二面市場が存在する場合，供給者にあたるプラットフォームと位置付けられる企業の行動が重要となり，当該企業は，二面のうち一方のユーザーグループに課す料金を無料にするなどの戦略が最適となる可能性がある（実積 2010，砂田・大橋 2010）．この点を踏まえると，二面市場が存在する場合，二面のうちの一面のみの料金体系や企業戦略を見ても，

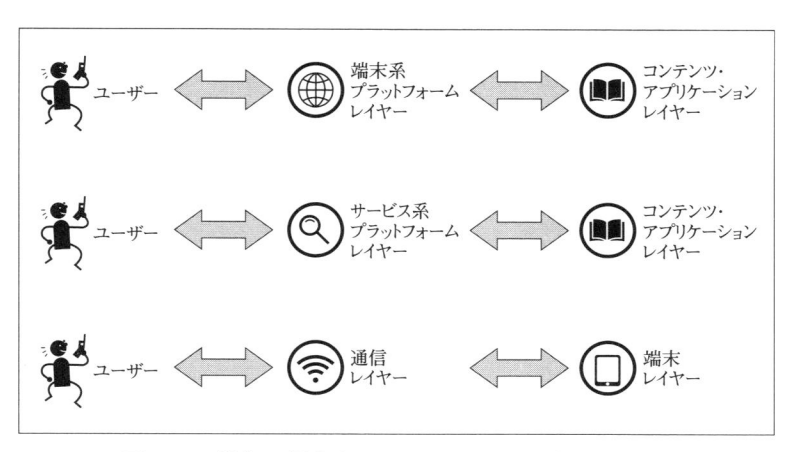

図2.10　情報通信産業における二面市場（筆者作成）

プラットフォームに当たる企業の行動の全体像を把握できない可能性があるということになる．

情報通信産業における二面市場の存在を検討するとき，いくつかの可能性を考えることができる．図2.10は情報通信産業において二面市場と捉えることができるものを表現したものである．情報通信産業の消費者（ユーザー）と，通信レイヤー，プラットフォームレイヤーおよび端末レイヤーは，構造的に二面市場を形成しうるものとなっている．

2.4.3　パーソナルデータの活用と競争

前述の展開は，さらにその先の段階まで見る必要があると考える．それが，次に注目する，コンテンツサービス，プラットフォームサービスにおけるパーソナルデータの活用という展開である．

近年，コンテンツサービス，プラットフォームサービスにおいてパーソナルデータを活用したサービスは，質，量ともに発展している．こうしたサービスにおいて，パーソナルデータはサービスの一部，すなわち，「原材

料」として用いられる他，事業者が提供するサービス全体のマーケティングなどにも活用される．現在では「ビッグデータ」という言葉がバズワードとして定着しているが，ビッグデータの中身の大きな部分はパーソナルデータが占めている．

このパーソナルデータがサービスに用いられるという状況は，ミクロ経済学的観点から見て競争にきわめて重要な影響を与える可能性があり，「いかなるサービスが提供されるか」に止まらず，「パーソナルデータによって事業者，利用者の行動がいかに変わるか」といった点まで踏み込んで分析する必要がある．「競争評価」においても，2012年度の「戦略的評価」で「電気通信サービスの上流サービス利用の分析及び電気通信サービスのプライバシー意識の分析」が取り上げられており，プライバシー意識の分析が行われているが，ここでは，ミクロ経済学的観点から競争に影響を与えるロジックを整理する．

パーソナルデータが競争に影響を与えるロジックは，大きく2点に整理することができると考える．それは，直接的に企業行動に与える影響と，直接的に利用者に与える影響の2点である．前者は，価格差別の理論と関わる影響であり，パーソナルデータによって企業が利用者属性に合わせて価格差別を実施できるというものである．価格差別は事業者間の価格競争を促進させることから，結果として競争状況が変化する．この変化が経済学的に望ましい帰結となるか否かはケースバイケースだが，競争の評価においてこの点が重要であることはあきらかである．この影響については，例えば黒田（2012）よって検討がなされている．

とくに注目したいのは後者，すなわち直接的に利用者に与える影響である．例えば，インターネットショッピングサイトを利用する場面を想定すると，買い物をするためには，配送先住所，メールアドレスなどは登録が必須の情報であり，場合によってはクレジットカード情報も登録する．また，日々のサイトの利用では過去自分が何を買ったかが分かる購入履歴を活用したり，サイト側が閲覧履歴に基づくおすすめ商品を提示してくれた

りする．ここで，仮に，利用するインターネットショッピングサイトを変更するとすれば，これまでのサイトに登録・蓄積されてきたパーソナルデータは利用できなくなり，新たにパーソナルデータを登録しなおさなければならなくなってしまう．

　この想定から分かるとおり，インターネットショッピングサイトのようなパーソナルデータを活用するサービスでは，サービス（サイト）を乗り換えると，新たにパーソナルデータを登録しなければならないこと，購入履歴，閲覧履歴が無くなることなどに対する利用者の負担が生じる．また，利用者の中には，乗り換える前に使っていたサイトに登録した自身のパーソナル情報が今後どうなるのかについて不安を感じる人がいるかもしれない．これも負担である．パーソナルデータを活用するサービスでは，サービスを切り替える際，例えばコーヒーショップを乗り換えるときには発生しない負担[18]，すなわちコストが生じる可能性があるのである．

　ミクロ経済学では，これらのコストはスイッチングコストという概念で説明される．スイッチングコストとは，利用する財・サービスを切り替える場合に生じる経済的，また心理的コストのことである．スイッチングコストには，サービスの利用方法に対する慣れ，そのサービスに対する愛着なども含まれ，これらについては，コーヒーショップはもちろん，あらゆる財・サービスに一定程度存在する．

　スイッチングコストが高い場合には，品質が同じであれば必ず価格が低いサービスを利用するといった単純な競争とはならなくなるなど，競争に影響を与えることとなる[19]．そうであれば，パーソナルデータがこれまでのスイッチングコスト要因（慣れ，愛着など）に比べて，どの程度大きいの

---

[18]　ポイントサービス等を利用していて，パーソナルデータを登録していれば話は別である．

[19]　ミクロ経済学的に，スイッチングコストを下げることが必ずしも望ましいとは限らない．この点に関して情報通信分野を検討したものとして，中村（2012）などがある．

か，あるいは小さいのかという点は，情報通信産業の競争を評価するうえで極めて重要な点となろう．

2.5 本章のまとめ

本章では，パーソナルデータが活用される中心的な分野である情報通信産業について，その構造をあきらかにした．

情報通信産業はコンテンツ・アプリケーションレイヤー，プラットフォームレイヤー，通信レイヤー，端末レイヤーの4つのレイヤー構造を持った産業であり，その競争においては，レイヤー間の関係が影響を与えている．

データを伝送する通信レイヤーにおいては，固定ブロードバンドに関してはFTTH化が進んでおり，ソフトバンクのシェアが減少傾向にあるものの，NTT東西，KDDI，ソフトバンクの3者による寡占状況が続いているといえる．また，移動系通信に関しては，契約数は人口を超えており今後大幅な増加は見込めないなか，NTTドコモ，KDDI，ソフトバンクモバイルの3者による競争が続いている．通信レイヤーについては，その競争構造に大きな変化はなく，固定も移動も3者による競争が継続しているといえる．通信レイヤーに対してはさまざまな規制が存在しており，今後も競争状況を注視しながら，その在り方を見極める必要があるだろう．

一方で，コンテンツ・アプリケーションレイヤーおよびプラットフォームレイヤーに関しては，通信ネットワーク上で，いかなるサービスが提供されるかという観点から，競争に関心が集まっている．コンテンツ・アプリケーションレイヤーおよびプラットフォームレイヤーの競争は，レイヤー内に止まらず，二面市場という特性もあり，レイヤー間の競争にも影響を与える可能性がある．二面市場については，端末レイヤーも注視する必要がある．

さらに，パーソナルデータの活用が進んでいるレイヤーがこのコンテン

ツ・アプリケーションレイヤーおよびプラットフォームレイヤーである．パーソナルデータの活用は，サービスの発展のみならず，スイッチングコストの発生要因となるなど，競争への影響もあると考えられる．サービスの内容への影響に加え，競争にも影響を与えるという点で，パーソナルデータの情報通信産業への活用に関する分析が今後いっそう求められる．

第 2 章補論　携帯電話の構成要素を例としたレイヤー間関係

1　補論の目的

　本補論では，第 2 章で言及したレイヤー間関係について，携帯電話を対象に分析をおこなう．具体的には，携帯電話の利用に関するさまざまな要素のなかで，利用者がどのような要素をどの程度重視していると考えられるかについてあきらかにする．

　携帯電話の利用においては，GPS 機能などによってパーソナルデータが収集される．また，携帯電話のさまざまなアプリケーションにおいて，パーソナルデータが活用されている．本補論はパーソナルデータの直接的な分析ではないが，携帯電話におけるパーソナルデータに関する要素が利用者にとっていかに重視されているかをあきらかにすることは，これからのパーソナルデータの価値を見極めるうえできわめて重要だろう．

2　背景

　近年，携帯電話市場においてスマートフォンの普及が進んでいる．株式会社 MM 総研（2014）によれば，2013 年度のスマートフォンの国内出荷台数は 2,960 万台となっており，国内携帯電話総出荷台数に占める割合は前年度比 4.0 ポイント増の 75.1% となっている．

スマートフォンの定義については定まっていないが[1]，従来提供されてきたフィーチャフォン[2]との違いは，OSを搭載し，さまざまなアプリケーションをダウンロードすることにより，PCに近い機能が利用できるという点にある[3]．したがって，スマートフォンでは，アプリケーションを提供するためのプラットフォームや，多様な機能に対応した操作をおこなうための端末自体が重要な役割を果たすこととなる．

さらに，通話品質，通信速度，バッテリーの持続性といった基本的な要素は，フィーチャフォンにおいてもサービスの品質を決定する要素であったが，上記のような特徴を有するスマートフォンにおいては，これらの要素の重要性がフィーチャフォンとは異なってくる可能性もある．

スマートフォンを利用する場合，利用者は通話品質のみならず利用可能なアプリケーションの内容，通信速度，バッテリーの持続性など，フィーチャフォンを利用する場合よりも多様な要素を考慮してサービスを選択する可能性がある．このとき，通信速度の水準と関係がある供給者は通信ネットワーク事業者であり，利用可能なアプリケーションの内容に関係がある供給者はプラットフォーム事業者であるように，各要素を提供する供給者は必ずしも同じ事業者ではないという状況となっている．したがって，利用者の各要素に対する重要性が各要素を提供する事業者の携帯電話サービスに対する影響力と関連することとなる点などを踏まえると，フィーチャ

---

1) 例えば，一般社団法人電子情報技術産業協会では，スマートフォンを，携帯電話・PHSに携帯情報端末（PDA）を融合させた端末で，音声通話機能・ウェブ閲覧機能を有し，仕様が公開されたOSを搭載し，利用者が自由にアプリケーションソフトを追加して機能拡張やカスタマイズが可能な製品と定義している．

2) 携帯電話端末の表現としては，スマートフォン，フィーチャフォンの他，フィーチャフォンよりもさらに機能が少なく通話機能を主とした端末に対するベーシックフォンという表現も見受けられるが，ここではこれも含めフィーチャフォンと総称する．

3) ただし，OSを搭載しているものをすべてスマートフォンとする定義は問題がある．例えば，NTTドコモのSH-05BはSymbian OSを搭載しているが，NTTドコモはスマートフォンとしていない．

フォンとスマートフォンの相違を踏まえた利用者の携帯電話サービスの各要素に対する選好を分析することは，レイヤー間関係を踏まえた経営戦略の視点からも重要であろう．

本補論の構成は，つぎのとおりである．次節では，分析にあたって実施したアンケート調査の概要について示す．第4節では，アンケート調査の結果をもとに分析をおこなう．最後に，第5節で本補論をまとめる．

3　調査の実施

3.1　調査および分析のねらい

本節では，携帯電話におけるアプリケーションに関する要素，通信に関する要素，端末に関する要素に対する重要性について分析をおこなう．分析のねらいは，利用者が携帯電話を利用する際にどういった要素を重視しているかをあきらかにする点，また，利用者の重視する要素およびその重視の程度に関して，フィーチャフォンの利用者とスマートフォンの利用者の間でどの程度相違が存在するかについてあきらかにする点にある．

分析の目的に鑑み，分析手法はCVM（contingent valuation method：仮想市場法）を採用することとする．CVMは，サービス水準向上のために支払ってもよい金額（支払意思額）や，サービス水準が低下した場合の補償に必要な金額（補償意思額）を質問，推計する手法であり，現在は存在しない財やサービスの評価が可能であるという特徴を有している（肥田野 1999）．

分析対象としているスマートフォンについては，すでに市場は存在するものの，いまだ普及途上にあり，詳細な分析が可能となるデータの蓄積が十分に無い．この点を踏まえれば，手法としてCVMを採用することは妥当であると考える．先行研究においても，テレワークの導入可能性を分析した奥谷・三友（2005），情報通信技術が購買行動に与える影響を分析した大塚他（2004）など，情報通信分野における仮想的な状況に関する分析においてCVMが活用されている．

3.2 予備調査の実施

調査については，予備調査と本調査の2段階の調査を実施した．予備調査の目的は，携帯電話サービスを構成するアプリケーションに関する要素，通信に関する要素，端末に関する要素それぞれに存在する複数の要素から，分析対象を選定することである．

このうち，アプリケーションに関する要素は，実際には現存するコンテンツの数だけ存在するため，その数は多い．したがって，どの要素を分析対象とすべきかを決定するには事前に調査を要すると判断し，予備調査でアプリケーションに関するさまざまな要素に関する利用者の意識について質問をおこなった[4]．

なお，CVMの方式に関して，アプリケーションについては直接利用するものであり金額を回答しやすいと判断し自由回答方式としたが，通信速度およびバッテリーの持続性については，感覚的な問題で具体的な金額を回答しにくいと判断し一段階二肢選択方式を採用した．そこで，予備調査では，本調査上の提示額決定のための自由回答方式による質問もおこなった．

以上の目的に基づく予備調査を，インターネット調査会社 goo リサーチによるWebアンケートを通じて実施した．予備調査は回答者制御をおこなわず，2011年2月18日から22日にかけて有効回答数200を回収目標として実施し，最終的に216サンプルの有効回答を得た．

予備調査の結果についてみる．図補1は，携帯電話のアプリケーションのなかで自身の携帯電話にもっとも追加したい機能および利用できなくなったらもっとも困る機能についての回答である．

追加したい機能については，Webメールの利用が18.1%ともっとも割合

---

[4] 通信に関する要素については，データ通信の重要性が高まっているとの判断から通信速度を取り上げることとし，端末に関する要素については，データ通信の増加により携帯電話の利用時間が長時間化している可能性を踏まえ，バッテリーの持続性を取り上げることとした．

第2章補論　携帯電話の構成要素を例としたレイヤー間関係　　　　51

○もっとも追加したい機能

機能	割合(%)
Webメール（Gmail，Yahooメール，hotomail等）	18.1
インターネット接続・Webの閲覧	9.7
おサイフケータイ	7.4
電子書籍のダウンロード・閲覧	7.4
音楽のダウンロード・視聴	3.2
動画のダウンロード・視聴	0.5
ワンセグ	8.3
ゲームのダウンロード・利用	1.9
GREE，モバゲータウン，mixi等のソーシャルネットワーキングサービス	2.3
Word，Excelの利用	9.3
スケジュール管理	10.2
オンラインでのショッピング，ネットオークション	2.8
その他	19.0

○利用できなくなったらもっとも困る機能

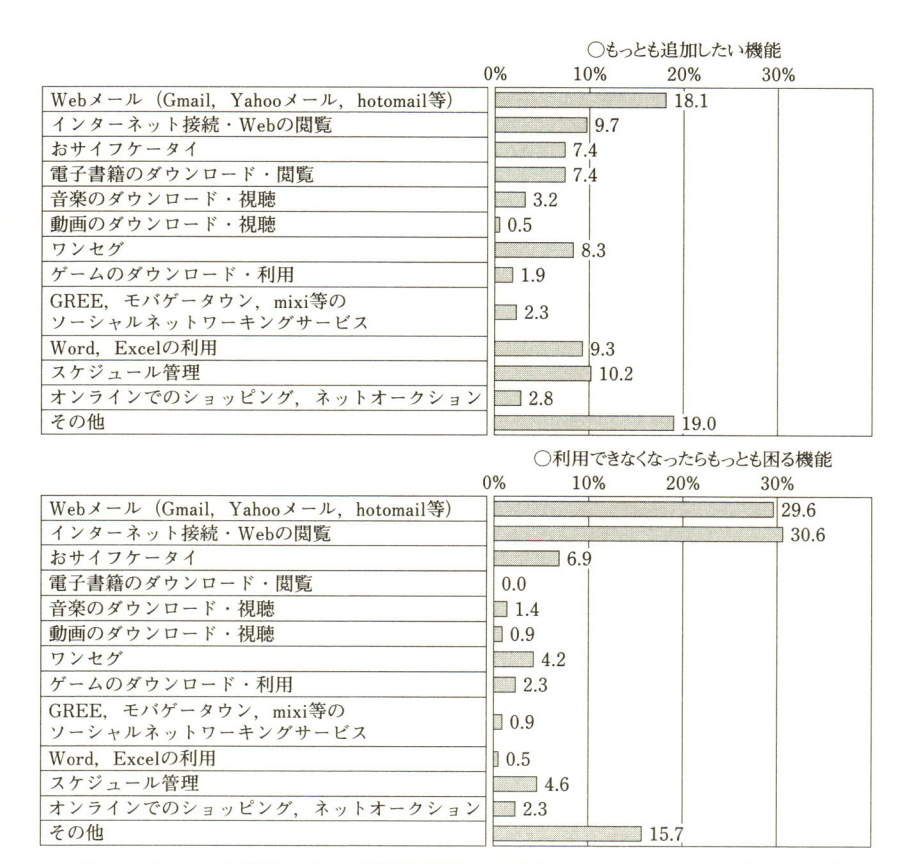

機能	割合(%)
Webメール（Gmail，Yahooメール，hotomail等）	29.6
インターネット接続・Webの閲覧	30.6
おサイフケータイ	6.9
電子書籍のダウンロード・閲覧	0.0
音楽のダウンロード・視聴	1.4
動画のダウンロード・視聴	0.9
ワンセグ	4.2
ゲームのダウンロード・利用	2.3
GREE，モバゲータウン，mixi等のソーシャルネットワーキングサービス	0.9
Word，Excelの利用	0.5
スケジュール管理	4.6
オンラインでのショッピング，ネットオークション	2.3
その他	15.7

図補1　もっとも追加したい機能及び利用できなくなったらもっとも困る機能（高口・実積 2013, p. 22）

が高く，スケジュール管理，Word・Excel の利用と続いている．利用できなくなったら困る機能については，インターネット接続・Web閲覧（30.6%）と Web メール（29.6%）の2つの機能の割合が大きい[5]．

　予備調査の結果を踏まえ，本調査では，多くの利用者が利用できなくな

---

5) なお，予備調査では利用携帯電話の機種名を自由記述で質問していたため，この機種名をもとに，別途フィーチャフォン利用者とスマートフォン利用者を分けた

ったら困るとした①Webメール，②インターネット接続・Webの閲覧，に加え，追加したい機能として比較的関心が高い③ Word・Excel の利用，④スケジュール管理，の合計4つの機能を取り上げることとした[6]．

3.3 分析視点の提示

予備調査を通じ，分析で取り上げるアプリケーションに関する要素，通信に関する要素，端末に関する要素が決定されたことを踏まえ，これらの要素に対する分析の視点を検討する．

前述のとおり，本稿の中心的な目的は，フィーチャフォン利用者とスマートフォン利用者との間の各要素に対する選好の相違をみることにある．フィーチャフォンとスマートフォンの間の重要な相違点はアプリケーションの利用性にある．当然，本稿で取り上げるアプリケーションの機能は，多くのフィーチャフォン端末においても利用可能である．しかしながら，スマートフォンが本来的にこれらの機能の利用をより念頭に置いた仕様になっていることを鑑みれば，これら機能に対する選好は，スマートフォン利用者のほうが大きいと考えられる[7]．

集計，検討もおこなった．予備調査では回答者制御をおこなっていないため，スマートフォン利用者が全216サンプル中16サンプルと参考としか扱えない水準のサンプル数であった．しかし，スマートフォン利用者が最も追加したい機能としておサイフケータイ（25.0%），ワンセグ（12.5%）といった初期のスマートフォンの多くで使えない機能の回答が多かった他は，全体の傾向と大きく変わらなかった．

6) この中で，②インターネット接続・Webの閲覧におけるインターネット接続については，スマートフォンにおいて中心的な機能と考えられ，また，①Webメールはインターネット接続下においてのみ送受信可能である点でインターネット接続に従属的な機能であると言える．これらを踏まえると，インターネット接続を他の機能と同等に扱うことには注意が必要であるが，携帯電話という視点からはその本質はあくまでも通話機能であること，③ Word・Excelの利用，④スケジュール管理は必ずしもインターネット接続下でなくとも利用可能であること等を踏まえ，ここでは②インターネット接続・Webの閲覧という一機能として扱うこととする．

7) 同様のことを，別の視点から見ると，これらの機能に対する選好が大きい利用者ほど，スマートフォンを利用しているという見方もできる．

また,アプリケーションの利用は,通信速度およびバッテリーの持続への選好とも関連していると考えられる.よりストレスのないアプリケーションの利用を実現するためには,利用者はより高速の通信速度を求めることが想定される[8].バッテリーについても,アプリケーションの利用をより多く行っていると考えられるスマートフォン利用者は,より長時間の利用に耐える仕様を求めることが想定される.

さらに,各要素に対する選好は,フィーチャフォンかスマートフォンかという端末の相違以外からも影響を受ける.この点について,本稿では月額支払額と端末利用期間の2点について検討する.

同じフィーチャフォンあるいはスマートフォンの利用者であっても,個人によってアプリケーションの利用頻度は異なる.本稿で取り上げるアプリケーションの各機能は,メール,Web閲覧,Word・Excel,スケジュール管理など,利用を重ねるに従い,その活用が拡がるものと考えられる.この点で,利用度の指標といえる月額支払額が大きい利用者ほど,これらの機能,また,通信速度,バッテリーの持続に対する選好が大きくなると考えられる[9].

また,複数の機能を有しさまざまな操作方法が存在する現在の携帯電話端末の利用に関しては,個人間で程度の差があるものの,その活用に一定程度の経験が必要となると考えられる.この点で,端末利用期間の長い利用者ほど,各機能,また,これと関連した通信速度やバッテリーの持続に

---

[8] ただし,重要な点は,それぞれのアプリケーションに実際にどの程度の通信速度が必要となるかについては,必ずしも利用者が把握しているとは限らないという点である.例えば,米国FCC(Federal Communication Commission)はNational Broadband Planにおいて,もっとも通信速度が必要なアプリケーションの利用の仕方をする利用者であっても,必要な通信速度は7Mbps程度であることを示している(FCC 2009).むしろ,利用者が実際にどの程度の通信速度が必要か分からないからこそ,より高速度を求めると考えることができる.

[9] 現在の日本の携帯電話の料金体系は,定額制のプランが中心的である.この点で,月額支払額が厳密な利用度を表現する指標となっていない可能性があるが,利

対する選好が大きくなると考えられる．

3.4 本調査の実施

予備調査および分析視点を踏まえ，本調査を実施した．本調査についても，予備調査と同様に goo リサーチによる Web アンケートを実施した．本調査では，2011 年 3 月 1 日から 4 日にかけて有効回答数 1,000 を回収目標として実施し，最終的に 1,212 サンプルの有効回答を得た．なお，本調査では，スマートフォンを利用しているサンプルを一定数確保する観点から，通話機能のみの携帯電話を除く携帯電話を所有している 20 代〜40 代の男性[10]に回答者を制御して調査を実施した．

前述のとおり，本調査では，アプリケーションに係る要素として①Web メール，②インターネット接続・Web の閲覧，③ Word・Excel の利用，④スケジュール管理，の 4 つの機能を取り上げ，さらに，通信速度，バッテリーの持続性についても調査を実施した．

このうち，アプリケーションに関する要素としての 4 つの機能については，自由回答方式により補償意思額を推計し，通信速度及びバッテリーの持続性は一段階二肢選択方式により支払意思額を推計した．アプリケーションに関する要素について支払意思額ではなく補償意思額を採用した理由は，フィーチャフォン利用者とスマートフォン利用者の相違について分析をおこなうという目的にある．多くのスマートフォンでは，分析の対象とするアプリケーションの利用が可能であるため，支払意思額による分析では困難となることを考慮した．

推計に先立って，回答者の利用状況についてみる．図補 2 は，回答者の利用状況を示したものである．本調査では約 20% がスマートフォンを利用している状況となっており，20 代のスマートフォンの所有割合が高い結果

用度に応じて複数の定額プランが選択可能であること，データ通信を中心にオプションの契約が存在することから，指標として一定程度利用可能であると考える．
10) 予備校生，主夫を除く．

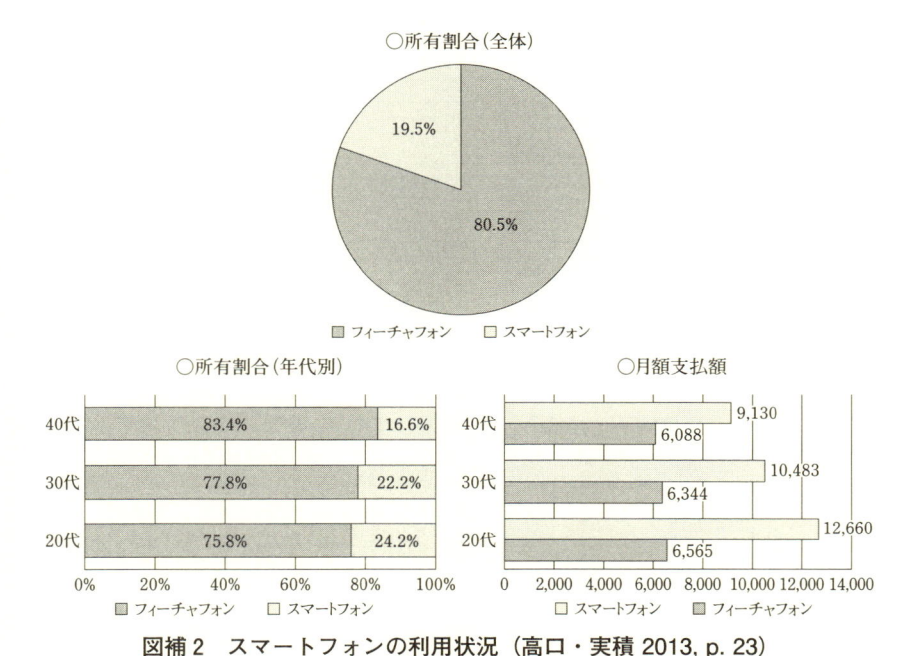

第2章補論　携帯電話の構成要素を例としたレイヤー間関係　　　55

○所有割合（全体）

フィーチャフォン 80.5%
スマートフォン 19.5%

○所有割合（年代別）

	フィーチャフォン	スマートフォン
40代	83.4%	16.6%
30代	77.8%	22.2%
20代	75.8%	24.2%

○月額支払額

	スマートフォン	フィーチャフォン
40代	9,130	6,088
30代	10,483	6,344
20代	12,660	6,565

図補2　スマートフォンの利用状況（高口・実積 2013, p. 23）

となっている．また，月額支払額については，全体的にスマートフォン利用者のほうが大きく，とくに20代はスマートフォン利用者とフィーチャフォン利用者の支払額の差が大きい．

4　推計

4.1　アプリケーションに関する要素についての分析

　はじめに，アプリケーションに関する要素の4つの機能についてみる．質問では，「『Webメール（Gmail，Yahooメール，hotmailなど）』の機能が使えなくなるとしたら，月額いくらの支払いが減ることで受け入れられますか．」というように，各機能が使えなくなることを受け入れられる月額支払

表補1　利用が可能な端末の所有回答者数（高口・実積 2013, p. 24）

	Web メール	Web の閲覧・インターネット接続	Word・Excel の利用	スケジュール管理
第3世代携帯電話利用者	501	859	84	672
スマートフォン利用者	221	232	122	221
計	722	1091	206	893

表補2　各機能に対する補償意思額（高口・実積 2013, p. 24）

		Web メール	Web の閲覧・インターネット接続	Word・Excel の利用	スケジュール管理
平均値	値（円）	1,271	2,633	1,562	998
	標準偏差	2022.69	4748.66	4433.04	4928.71
	95％信頼区間	（1123.32　1418.61）	（2351.37　2915.18）	（954.96　2168.64）	（674.78　1321.67）
中央値		500	2,000	500	200

の減少分をたずねた[11]．

　表補1は各機能の利用が可能な端末の所有回答者数（サンプル数）である．アプリケーションに関する要素についての分析では補償意思額を用いているので，利用可能な端末を所有する回答者のみが分析対象となる．

　表補2は，アプリケーションに関する要素の4つの機能に対する補償意思額を見たものである．自由回答方式であるため，補償意思額は単純平均値である．

11）　CVMでは回答者に対しある状況を仮想してもらい，その状況について金額を答えてもらうことから，回答者が状況を容易にイメージでき，かつ，回答者間で同一のイメージを持つことが重要となる．アプリケーションに関する質問については，アプリケーションの利用者が対象であるので，どのアプリケーションについて質問しているのかが明確に分かる質問となるよう留意した．なお，本文中にあるWebメールについて以外の質問は，それぞれ「『Webの閲覧・インターネット接続』の機能が使えなくなるとしたら，月額いくらの支払いが減ることで受け入れられますか．」「『文書・表計算アプリケーション（Word，Excel）』の機能が使えなくなるとしたら，月額いくらの支払いが減ることで受け入れられますか．」「『スケジュール管理機能』の機能が使えなくなるとしたら，月額いくらの支払いが減ることで受け入れられますか．」とした．

第 2 章補論　携帯電話の構成要素を例としたレイヤー間関係　　　　57

　平均的な補償意思額をみると，Web の閲覧・インターネット接続に対する補償意思額が 2,633 円と最も高く，Word・Excel の利用（1,562 円），Web メール（1,271 円）と続いている[12]．現在の携帯電話の利用においては従来の通話のみならず Web の閲覧が重要となっているとともに，利用者にとっては Word などの利用も一定の重要度があることが伺える．

　さらに，各機能に対する補償意思額が回答者のどのような属性に影響を受けているかを分析するため，補償意思額の属性による回帰をおこなった．自由回答方式による補償意思額の質問であることから OLS による補償意思額に関する重回帰モデルの推計をおこなった．

$$Y = \alpha + \beta X_i + \varepsilon$$

ここで α は定数項，X_i は個人 i の属性，β は個人属性の係数ベクトル，ε は誤差項である．

　表補 3 は，各機能の補償意思額に対する，利用端末（スマートフォンかフィーチャフォンか）の相違（スマートフォンダミー），現在使っている携帯電話端末の利用期間，携帯電話の直近の月額支払額の各属性の影響をみたものである．

　なお，図補 2 で示したとおり，フィーチャフォン利用者とスマートフォン利用者で月額支払額に差があったため，推計に際しては，スマートフォンダミーと月額支払額の間の相関から生じる多重共線性の可能性について，さらに検討した．具体的には，蓑谷（1997），Greene（2007）で提案されている VIF によるテストをおこなったが，すべての機能において VIF の値は 2 以下であった．Greene（2007）において多重共線性の問題が発生している可能性を示す基準値として示されている 10 を下回っていることから，

---

[12]　ここでの分析は補償意思額による分析となっており，これらの機能が使える端末の利用者における，仮に機能が使えなくなった場合の評価を示している．これらの機能を使えない端末の利用者における評価ではないことに注意しなければならない．

表補3　各機能の補償意思額に対する属性の影響（高口・実積 2013, p. 24）

	Web メール		Web の閲覧・インターネット接続		Word・Excel の利用		スケジュール管理	
	係数	p値	係数	p値	係数	p値	係数	p値
スマートフォンダミー	4.41E+02	0.01	1.99E+03	<0.01	-1.81E+02	0.79	1.12E+03	0.01
端末利用期間	-5.66E+00	0.28	-8.22E+00	0.36	1.27E+01	0.64	-7.30E-01	0.95
月額支払額	8.15E-02	<0.01	1.22E-01	<0.01	2.41E-01	<0.01	1.87E-02	0.45
定数項	5.97E+02	<0.01	1.51E+03	<0.01	-6.66E+02	0.37	5.98E+02	0.10
サンプル数	722		1091		206		893	

（説明変数の標本相関係数）

	Web メール			Web の閲覧			Word・Excel の利用			スケジュール管理		
	ダミー	期間	支払額	ダミー	期間	支払額	ダミー	期間	支払額	ダミー	期間	支払額
スマートフォンダミー	1.00	-0.44	0.21	1.00	-0.40	0.23	1.00	-0.57	0.24	1.00	-0.42	0.23
端末利用期間	-0.44	1.00	-0.11	-0.40	1.00	-0.16	-0.57	1.00	-0.18	-0.42	1.00	-0.15
月額支払額	0.21	-0.11	1.00	0.23	-0.16	1.00	.024	-0.18	1.00	0.23	-0.15	1.00

本稿の推計では多重共線性の問題は生じていないと判断した[13]．

　結果についてみると，Word・Excel の利用以外についてはすべてスマートフォンダミーがプラスに有意となっている．Word・Excel の利用という機能は他の3つの機能と異なり，「容易に使えるようになったから利用する」「より充実した利用が可能になったから利用する」機能というよりは，利用意向がある特定の利用者によって活用される機能であると考える．したがって，Word・Excel の利用者は端末に関係なく一定の利用意向を示すという状況となっており，スマートフォンダミーが有意とならない結果となったと考える．

　ただし，サンプル数について，妥当な分析が可能と考えられる数を確保しているものの，他の分析に比べると少ないことが結果に影響している可能性もあり，結果の解釈については慎重に判断する必要があると考える．

13）　後述の通信速度，バッテリーの持続性に関する推計についても同様に VIF によるテストをおこなったが，どちらも VIF は 1.5 以下であったことから，これらの推計についても多重共線性の問題は生じていないと判断した．

また，その他の結果については，スケジュール管理以外の機能については月額支払額が有意にプラスとなっている．月額支払額が高いということはこれらの機能を多く利用している可能性があり，これらの機能については，実際に利用を重ねることでいっそう重要性が高まることが推察できる[14]．

4.2 通信に係る要素についての分析

つぎに，通信機能に関する要素である通信速度についてみる．本調査では，携帯電話の通信速度が100Mbpsになることに対する支払意思額を質問した．本来的には「100Mbpsになる」と質問することが最も明確であるが，100Mbpsが具体的にどの程度の速度なのかイメージしにくく，また，回答者によってそのイメージにずれが生じる可能性があることが懸念された．そこで，回答者が通信速度が速くなることを容易にイメージできるように，100Mbpsを「光ファイバによるインターネット接続のレベルの速度であり，オンラインゲームをやりながら，並行して動画を閲覧しても遅滞が無いような速度」としたうえで質問をおこなった．したがって，回答者は，100Mbpsという数値というよりは，説明のようなイメージのもとで回答したことになる．

なお，一段階二肢選択方式による推計を採用したことから，追加的な支払いを拒否した回答者に対しては理由や許容金額についての質問をおこない，この質問結果をもとに抵抗回答を除去したため，サンプル数は1,208となった．このうちスマートフォン利用者が235サンプル，フィーチャフォン利用者が973サンプルである．抵抗回答に関しては，拒否した提示額

---

[14] ただし，月額支払額については，携帯電話の利用料金に関する定額料金プランの存在に留意しなければならない．各機能の利用を通じて多くのパケット通信をおこなうことを見越して高い定額料金プランを選択する利用者を想定すると，「各機能を本来的に重視しているから月額支払額が高くなる」という解釈も可能である．この点については，料金プラン等により特化した分析をおこなう必要がある．

表補 4　通信速度の向上への支払意思額（高口・実積 2013, p. 26）

	推定値および頭きり点・裾きり点
頭きり裾きり平均値（円）	552
頭きり点：	0
裾きり点：	3000

と自由回答で求めた許容金額の矛盾，妥当でない拒否理由の 2 点から判断した[15]．

まず，平均的な支払意思額をみる．ここでは一段階二肢選択方式を採用していることから，以下のとおり，ワイブル回帰による推計をおこなった[16]．

提示額に対する受託率曲線 S を

$$S(T) = \exp\left[-\exp\left(\frac{\ln T - \mu}{\gamma}\right)\right]$$

と定義する．ここで T は提示額，γ，μ はワイブル分布のパラメータである．この係数を，つぎの対数尤度関数

$$LL = \sum_{i=y} \ln S(T_i) + \sum_{i=n} \ln[1 - S(T_i)]$$

に代入し，推計をおこなう．ここで y は個人 i に対する提示額 Ti に対して受諾した者，n は拒否した者の集合である．

表補 4 は推計結果である．通信速度が 100Mbps になることに対する平均

---

[15]　ここでは，金額が矛盾しているサンプルはなかった．拒否理由については，設問の選択肢として挙げた「もっと小さい追加なら受け入れられる」「いくら小さくても受け入れられない」「もともとこの点（機能）に関心がない」以外の自由回答を対象に，理由から個別に判断した．ここでは，「100Mbps がどのくらいの早さか分からない」「～携帯会社社員の給与感覚で値段決めないでください」「光がこれから値下げするのに？」「外では数百万パケット使わないのでもっとパケ代安くしてほしい」という，問題を理解していない回答および企業批判等の要素と関係ない理由を回答していると判断した 4 サンプルを除去した．

[16]　ここでの推計は，肥田野 (1999) にしたがっている．

表補 5　通信速度の向上への支払意思額に対する属性の影響（高口・実積 2013, p. 26）

	係数	p 値
σ（シグマ）	3.09E+00	<0.01
スマートフォンダミー	5.76E-01	<0.01
端末利用期間	-2.35E-01	0.08
月額支払額	6.05E-01	<0.01
定数項	5.28E+00	<0.01
サンプル数	1208	

（説明変数の標本相関係数）

	スマートフォンダミー	端末利用期間	月額支払額
スマートフォンダミー	1.00	-0.39	0.22
端末利用期間	-0.39	1.00	-0.14
月額支払額	0.22	-0.14	1.00

的な支払意思額は 552 円という結果となった．

さらに，支払意思額が回答者のどのような属性に影響を受けているかを分析するため，支払意思額の属性による回帰をおこなった．ここでは，以下のとおり，属性を導入したワイブル分布の回帰による推計をおこなった．

提示額に対する受託率曲線 S を

$$S(T) = \exp\left[-\exp\left(\frac{\ln T - \beta' X_i}{\gamma}\right)\right]$$

と定義する．ここで T は提示額，γ はワイブル分布のパラメータ，X_i は個人 i の属性，β は個人属性の係数ベクトルである．この係数を，先述の推計と同様に対数尤度関数に代入し，推計をおこなう．

表補 5 は通信速度が 100Mbps になることへの支払意思額に対する属性の影響をみたものである．影響の傾向はアプリケーションに関する要素の各機能の補償意思額に対する属性の影響と同様であるが，ここでは端末利用期間の影響がマイナスに有意となっている．

この結果は，同じ端末を長く利用するほど，通信速度の高速化が重要でなくなっていくことを示唆するが，これは分析視点の提示において想定した結果と異なっている．本稿では，端末を利用するに従い，端末の活用が

進み，より高速な通信速度を求めると考えていた．しかし，本稿が示した各アプリケーションの利用に必要な通信速度が，利用者に必ずしも知られていないことが，この結果に影響を与えていることが推察される．つまり，利用者は端末を長く利用すると，自身が端末購入当初に想定したほど通信に対するストレスがないことがわかってくるものと解釈できる．

ここで，表補5の推計結果をもとに，今後普及が見込まれるスマートフォンを利用することを想定した，支払意思額についての金額ベースでの追加的検討を加える．具体的には，各変数に関して，スマートフォンダミー変数についてはスマートフォン利用ダミー，その他の変数についてはサンプルの平均値を上記の受託率曲線Sに代入し，仮想的なスマートフォン利用者の支払意思額を推計した．

推計の結果，仮想的なスマートフォン利用者の支払意思額は約907円となり，全サンプルでの支払意思額の552円と比較すると6割以上大きいことが示された．

なお，携帯電話における通信速度に関する動向として，現在，従来の通信速度を大きく上回る，NTTドコモのクロッシイ（Xi）などの3.9世代携帯電話パケット通信サービスが展開され始めている[17]．3.9世代携帯電話パケット通信サービスの提供地域は現時点で都市部に止まっており，地域間で差が生じている．スマートフォンが普及するなかで通信速度の重要性が高まると，将来的に展開が見込まれる第4世代と呼ばれるサービスも含め，通信速度の地域間格差はいっそう重要な課題となるだろう．

4.3　端末に係る要素についての分析

最後に，端末に関する要素であるバッテリーの持続性についてみる．バッテリーの持続性についても通信速度と同様，質問方法に工夫が必要であ

---

[17]　総務省では四半期ごとに電気通信サービスの契約数およびシェアについて公表しているが，2010年12月末より，3.9世代携帯電話パケット通信サービスをブロードバンドに含めて集計している．

第 2 章補論　携帯電話の構成要素を例としたレイヤー間関係　　　63

表補 6　バッテリーの持続性向上への支払意思額（高口・実積 2013, p. 27）

	推定値および頭きり点・裾きり点
頭きり裾きり平均値（円）	258
頭きり点：	0
裾きり点：	2000

るが，本調査では「充電の頻度が今までの半分で済むことになる」ことに対する支払意思額を質問した．この質問は，頻度が半分になるという比率の形式で聞いているため，厳密には回答者ごとに提示されるバッテリーの増分が異なることとなる．CVM においては容易にイメージできる質問であると同時に同一のイメージが回答者に仮想される必要があるが，この質問方法では同一のイメージを仮想させるという点で問題が残る．しかし，ここでは回答者がイメージしやすい質問の設定ということを優先した．

　この分析においても通信速度に関する分析と同様に抵抗回答を除去したうえで，1,203 サンプルについて，はじめに平均的な支払意思額についてワイブル回帰による推計をおこなった[18]．このうちスマートフォン利用者が 232 サンプル，フィーチャフォン利用者が 971 サンプルである．

　表補 6 は推計結果である．充電の頻度が半分になることに対する平均的な支払意思額は 258 円という結果となった[19]．

　さらに，支払意思額の属性による回帰をおこなった結果が表補 7 である．表補 7 を見ると，充電の頻度が半分になることに対する支払意思額についても，通信速度と同様，端末利用期間が有意にマイナスの影響となってお

18）　ここでも，金額の矛盾はなかった．支払理由として「当たり前の企業努力を有料にすること自体馬鹿げている」「〜追加料金を要求するようなキャリアには入らない」「なぜ，半分ですむのかわからないから」「省電力化なのか機能制限なのか電池容量増加なのか判断基準がない」「性能未達成を料金に反映する姿勢に疑問を感じる」「機能が理解できない」「追加料金なしで出来る様にならないと納得いかない」「外では数百万パケット使わないのでもっとパケ代安くしてほしい」「オプションで増やすものではなく基本的につくのが当たり前に感じる」と回答した 9 サンプルを，問題を理解していない回答および企業批判等の要素と関係ない理由の回答と判断して除去した．

表補7 バッテリーの持続性向上への支払意思額に対する属性の影響
(高口・実積 2013, p. 27)

	係数	p値
σ（シグマ）	4.19E+00	<0.01
スマートフォンダミー	5.39E-01	0.01
端末利用期間	-4.86E-01	0.02
月額支払額	5.10E-01	0.01
定数項	3.42E+00	<0.01
サンプル数	1203	

（説明変数の標本相関係数）

	スマートフォンダミー	端末利用期間	月額支払額
スマートフォンダミー	1.00	-0.39	0.22
端末利用期間	-0.39	1.00	-0.14
月額支払額	0.22	-0.14	1.00

り，この結果も分析視点の提示において想定した結果と異なっている．これは，通信速度と同様，利用を重ねることで，端末購入当初に懸念したほどバッテリーが持たないことがないという理解が進んだとも考えられるが，むしろ，アンケート調査の自由記述において，「バッテリーは2つ持っているので問題ない」といった記述もあったことから，バッテリーについては物理的な対応が可能であることも影響している可能性があると考える．

表補7の推計結果をもとに，通信速度の向上に関する分析と同様，スマートフォンの利用を想定した仮想的なスマートフォン利用者の支払意思額を算出したところ，約395円という結果となった．全サンプルでの支払意思額が258円であったことと比較するとその額は大きいが，通信速度の向上に対する支払意思額ほどの差はない．この点も，前述と同様，バッテリーについては物理的な対応が可能であることも影響している可能性がある

---

19) この金額自体の評価については，前述の分析も含め，現実の料金プランとの比較という観点から，絶対額としての意味も一定程度有すると考えられるが，本稿で採用したCVMの特性を鑑みると，意思額の出方にバイアスも存在することから，絶対額の評価については慎重な吟味が必要であろう．

と考える.

5 補論のまとめ

本補論では，携帯電話に関して利用者がどのような要素を重視しているかについて，アンケート調査により実際に分析をおこなった．分析結果について，以下のように結論をまとめることができる．

携帯電話の利用者にとっては，アプリケーションに関する要素であるWebメール，Web閲覧，スケジュール管理といった機能，通信に関する要素である通信速度の向上，端末に関する要素であるバッテリーの持続性向上のすべてが重要であるが，その重要度はフィーチャフォン利用者よりもスマートフォン利用者のほうが大きいことが示された．通信事業者の選択，また，携帯電話端末の購入においては，通信事業者が展開するキャンペーンや料金水準，また端末デザインなども影響を与えるが，フィーチャフォンからスマートフォンへシフトするなかで，今後は，アプリケーション機能の利用可能性や，各地域で利用可能な通信速度，また，バッテリーへの対応が，より重要となると推測できる．

ただし，通信速度の向上およびバッテリーの持続性向上は，端末の利用期間が長くなるにつれ重要度が低下することが本稿であきらかとなった．前述のとおり，これらの結果は，携帯電話の利用者は端末の利用に慣れない段階において，ストレスのない利用に必要な通信速度やバッテリーの持続性について十分に理解しておらず，実際には想定ほど高速の通信速度が必要無いことや，バッテリーについては2台持つことで一定程度対応できることへの認識がないことを示唆している．このことを踏まえれば，通信事業者においては，利用者に通信速度やバッテリーに対する過剰な需要を引き起こさないよう，これらに関する十分な情報提供をすることが経営戦略上有効であろう．

また，アプリケーションの重要度は月額支払額が高い利用者ほど高いと

いうこともあきらかとなった．長期的に利用者を引き付けておくには，充実したアプリケーションを提供することが有効となるだろう．充実したアプリケーションの提供に関して重要な点は，通信ネットワークを通じて利用者にアプリケーションを提供する入口となるのはプラットフォームであるという点であると考える．この点を踏まえると，通信事業者の経営戦略の観点からは，いかに魅力的なアプリケーションを提供するプラットフォーム事業者と連携するかが重要なポイントとなるだろう．また，競争政策の観点から見ると，携帯電話市場の競争状況を分析する際には，通信事業者の状況のみならず，プラットフォーム事業者と通信事業者との関係についても注視する必要があるだろう．

　ただし，本補論の分析は，限られた属性の回答者を対象に代表的な要素について分析をおこなったものである．今後，同様の視点から多様な対象，手法により分析をおこなうことで，本補論の結論についてさらに検証を加えていきたい．また，分析結果から，通信速度の地域間格差など，今後個別に検討すべき課題も見出された．これを端緒として，サービス，市場全般の分析のみならず，個別具体的な課題にも取り組みたい．

第3章 プライバシー懸念の要因
利用者の分析①

3.1 はじめに

　本章の目的は，インターネットを通じたサービスの利用者が，自身のパーソナルデータを利用されることに対してどの程度抵抗があるのか，また，事業者が設定しているパーソナルデータに関するプライバシーポリシーをどの程度認知しているのかについて，あきらかにすることである．

　事業者が活用するパーソナルデータの最初の提供者（売り手）は，消費者であるサービス利用者自身である．もちろん，サービスを受けるためにパーソナルデータの提供が不可欠な場合もあり，そのために利用者がパーソナルデータを提供するという状況も存在する．しかし，利用者へのサービス提供のためにその利用者のパーソナルデータを利用する以外の用途，例えば，サービス全体の品質向上やマーケティングのためにパーソナルデータを活用するためには，利用者に同意してもらったうえで提供してもらわなければならない．

　ただし，利用者が事業者に自身のパーソナルデータを提供することには，一定の不安感，抵抗感が存在すると考えられる．それは，自分の知らないところへ自身のパーソナルデータが漏れていくことへの不安感や，自身の大事なパーソナルデータを形式的には無料で事業者に収集され活用されることへの抵抗感といったものかもしれない[1]．しかし，第1章で示したとおり，現在ではパーソナルデータの取引市場は明示的に成立しておらず，利用者の自身のパーソナルデータに対する経済価値の認識を直接捉えること

は難しい[2].　そこで，本章では，利用者の経済価値に対する認識に関する分析の端緒として，どのような属性や特性をもつ利用者がどの程度の抵抗感を持っているのかについてあきらかにする．

また，利用者がパーソナルデータを事業者に提供する際の判断基準，事業者のパーソナルデータの活用範囲に関する規定として，プライバシーポリシーが存在する．このプライバシーポリシーの内容や理解によって，パーソナルデータの提供の様相は異なってくるだろう．一方で，事業者が規定するプライバシーポリシーは詳細なものであり，利用者が完全に理解していない状況も存在する可能性がある[3].　そこで，本章では，利用者の属性や特性とプライバシーポリシーの認知や理解の関係についての分析もおこなう．

本章の構成は，つぎのとおりである．次節では，プライバシー懸念に関する先行研究を整理する．第3節では，分析のベースとなっている総務省の「競争評価」に関連する調査の背景を述べる．第4節では，調査の概要と，主要な調査結果について示す．第5節では，調査結果に基づく分析をおこなう．第6節で本章をまとめる．

3.2　プライバシー懸念に関する先行研究

プライバシー懸念に関する先行研究については，高崎・高口・実積（2014）の整理を参照したい．高崎・高口・実積（2014）では，プライバシー懸念

---

1) ほんとうはパーソナルデータを提供したくないが，そうするとそもそもそのサービスが使えないため，しぶしぶ提供しているという場面に直面することもあるだろう．
2) これは，経済学的には，利用者のパーソナルデータという財に対する供給曲線を推定するということが難しい，と表現することができるだろう．
3) 「サービスを利用するためには，どうあれプライバシーポリシーに基づくパーソナルデータの利用に同意しなければならない」という感覚から，深く考えず事業者の利用に同意するということもあるだろう．

に関する先行研究を，①プライバシー懸念がサービス利用とデータ開示に及ぼす影響に関する研究，②サービス利用およびデータ開示を促進する研究，③事業者が講じる保護措置に関する研究，の3つのグループに分類している．各グループの先行研究は，つぎのとおり整理されている．

①プライバシー懸念がサービス利用とデータ開示に及ぼす影響に関する研究
  ・利用者はオンラインサービスの利用に際し，潜在的にプライバシーに対する懸念を有し，虚偽の情報を提供する可能性が高い（Hoffman et al. 1999）．
  ・開示するデータの種類によってプライバシー懸念の度合が変化する．自身の財務情報や健康情報などのセンシティブ・データに対しては慎重であるのに対し，趣味嗜好や年代，性別などの単純な属性情報に対してはプライバシー懸念が小さく，情報開示に寛容となる（Ackerman et al. 1999，Chellappa and Sin 2005）．
  ・プライバシー懸念の度合に年齢層による差異がある．高年齢層は若年齢層に比べ，潜在的な懸念度が高く情報開示に慎重である（Ackerman et al. 1999，Earp and Baumer 2003）．
  ・懸念の度合に応じて情報開示の量や範囲が変化する（Ackerman et al. 1999, Hann et al. 2001, Spiekerman et al. 2001, Acquisti and Grossklags 2005）．
②サービス利用およびデータ開示を促進する研究
  ・事業者への信頼は消費者の個人情報開示を促進する（Chellappa and Sin 2005，Metzger 2006，Schoenbachler and Gordon 2002）．
  ・金銭的報酬などの経済的便益が得られる場合，利用者はパーソナルデータの開示に応じやすい（Hann et al. 2001，Hui et al. 2007）．
③事業者が講じる保護措置に関する研究
  ・プライバシーポリシーは企業の信頼性向上にもサービス利用促進に

も寄与していない（Berendt and Spiekermann 2005，Metzger 2006）．
・プライバシーシールが利用者に理解されておらず，期待される機能を果たしていない（LaRose and Rifon 2006）．
・利用者の多くがそもそもプライバシーポリシーを見ていない（Kohavi 2001）．
・事業者の保護措置は形骸化している．利用者の理解が真に得られる新たな合意のあり方が強く求められている（Solove 2013）．

　先行研究の一部では，どのような個人がプライバシー懸念を強く有しているかをあきらかにしており，どのような属性や特性をもつ利用者がどの程度の抵抗感を持っているのかという本章の分析は，これらの先行研究を抵抗感という点に絞って日本に適用したものと捉えることができる．また，先行研究の一部ではプライバシーポリシーがサービス利用に与える影響を分析しているが，本章ではそのプライバシーポリシーの認知や理解と利用者の属性や特性の関係について分析しており，この部分は先行研究では必ずしも触れられていない部分をあきらかにするものといえる．

3.3　総務省「競争評価」の一環としての調査

3.3.1　調査の背景

　総務省では，2003年度より「競争評価」を開始し，2006年度以降は「定点的評価」と「戦略的評価」という構成を明確にし，評価をおこなっている[4]．「戦略的評価」では，その時の着目すべきトピックについて毎年度テーマを設定し評価をおこなうことから，サービス利用者へのアンケート調査（利用者アンケート）を評価に活用してきた．これまでの「競争評価」内で実施してきた利用者アンケートは表3.1のとおり整理される．

---

[4]「競争評価」の背景等については第2章を参照．なお，2005年度以前も現在の「戦略的評価」につながる分析はおこなわれてきた．

表 3.1 利用者アンケートの対象（総務省 2014c, p. 128）

実施年度		固定インターネット	携帯電話	固定電話	戦略的評価
2003年度	H15年度	○			
2004年度	H16年度		○		IP電話
2005年度	H17年度	○	○	○	
2006年度	H18年度	○	○	○	
2007年度	H19年度		○		プラットフォーム
2008年度	H20年度	○	○	○	FMCサービス
2009年度	H21年度	○	○	○	
2010年度	H22年度	○	○	○	スマートフォン等
2011年度	H23年度	○	○	○	上流サービス
2012年度	H24年度	○	○	○	プライバシー情報
2013年度	H25年度	○	○ (固定未利用者追加)	○	バンドル効果・上流サービス

「戦略的評価」のテーマは年度によって複数設定される．そのなかで，2011年度に「戦略的評価」のテーマのひとつとして「固定ブロードバンド・モバイルインターネットの上流サービス利用分析」が設定され，このテーマについては現時点で最新年度の「競争評価」である 2013 年度まで継続して取り上げられている．本章の分析に用いる調査は，このテーマのもとで 2013 年度の「競争評価」で実施されたものの一部である．

3.3.2 調査の構成と本章における調査結果の利用

「固定ブロードバンド・モバイルインターネットの上流サービス利用分析」においては，利用者が固定ブロードバンドやモバイルインターネットを通じてどのようなサービスを利用しているかについて，複数の観点から分析がおこなわれている．そのひとつとして，利用者のプライバシー意識という観点があり，この観点から設定されたアンケート調査設問部分をおもに用いて，次節以降の分析を進める．

なお，「競争評価」における当該部分の分析は，総務省を中心として，国立大学法人京都大学大学院経済学研究科依田高典研究室，東京経済大学経済学部黒田敏史研究室，そして筆者が共同でおこなったものであり，本章

表 3.2　基本属性①（性別，年代，居住地域）（高口・黒田・依田 2014）

性別	度数	%
男性	1344	66.9
女性	666	33.1
合計	2010	100.0

年代	度数	%
10代	9	0.4
20代	98	4.9
30代	416	20.7
40代	639	31.8
50代	503	25.0
60代	280	13.9
70代	65	3.2
合計	2010	100.0

地域	度数	%
北海道	74	3.7
東北	121	6.0
関東	779	38.8
北陸	63	3.1
中部	235	11.7
近畿	418	20.8
中国	97	4.8
四国	48	2.4
九州	175	8.7
合計	2010	100.0

で展開される分析はこれをさらに筆者が進めたものとなっている[5]．

3.4　調査の概要と結果

3.4.1　調査の概要

　利用者アンケート調査は，Web アンケートによって実施された．2014 年 1 月 31 日から 2 月 5 日にかけておこなわれた予備調査を踏まえ，2014 年 2 月 14 日から 28 日にかけて本調査がおこなわれた．調査で得られた回答について矛盾回答，抵抗回答を除去し，最終的に 2,010 サンプルを分析対象として得た．サンプルの基本属性は表 3.2 および表 3.3 のとおりである．

3.4.2　調査結果

　本項では，プライバシーに関する設問の集計結果について検討する．

　図 3.1 は，利用者が Web サービスにどのようなパーソナルデータを登録しているかについて示したものである．実際には，同じ利用者でも Web サービスごとに登録するパーソナルデータは異なるが，ここでは各利用者の

---

　[5]　本章の分析の誤りなどはすべて筆者に帰するものであることを改めて述べておく．

表 3.3　基本属性② (職業, 世帯年収) (高口・黒田・依田 2014)

職業	度数	%
会社員・役員	836	41.6
自営業	178	8.9
専門職	74	3.7
公務員	104	5.2
学生	38	1.9
専業主婦・専業主夫	280	13.9
パート・アルバイト・フリーター	201	10.0
無職・定年退職	252	12.5
その他	47	2.3
合計	2010	100.0

世帯年収	度数	%
300 万円未満	350	17.4
300〜500 万円未満	565	28.1
500〜700 万円未満	464	23.1
700〜1000 万円未満	392	19.5
1000〜1500 万円未満	184	9.2
1500 万円以上	46	2.3
不明	9	0.4
合計	2010	100.0

全般の傾向を聞いていることとなる．

　パーソナルデータの内容別にみると，「写真」,「政治観」,「信仰」,「交際状況」については，まったく登録していない利用者の割合が大きい（写真 73.6%, 政治観 83.0%, 信仰 85.4%, 交際状況 82.8%）．政治観や信仰は個人の信条に関わる事項であり，写真や交際状況は個人のプライバシーに深く関わる事項であることから，登録しない利用者が多くなっている．また，多くのサービスでは，これらのパーソナルデータを登録しなくてもサービスを受けられるため，サービスを受けるために仕方なく登録するということも少ないと考えられる．

　一方で，「氏名」,「電話番号」,「居住地」,「性別」,「メールアドレス」については，まったく登録していない利用者の割合は小さい（氏名 21.0%, 電話番号 27.6%, 居住地 22.7%, 性別 19.2%, メールアドレス 23.7%）．これらのパーソナルデータについては，例えばインターネットショッピングの利用など，そもそも登録しなければサービスを受けられないことが多い．このことから，登録している割合が大きいと考えられる．登録はしているものの，他者には公開していないことが多い利用者の割合が大きいことからも，このような背景があることがうかがえる（氏名 58.7%, 電話番号 59.8%, 居住地 58.3%, 性別 53.6%, メールアドレス 59.2%）．

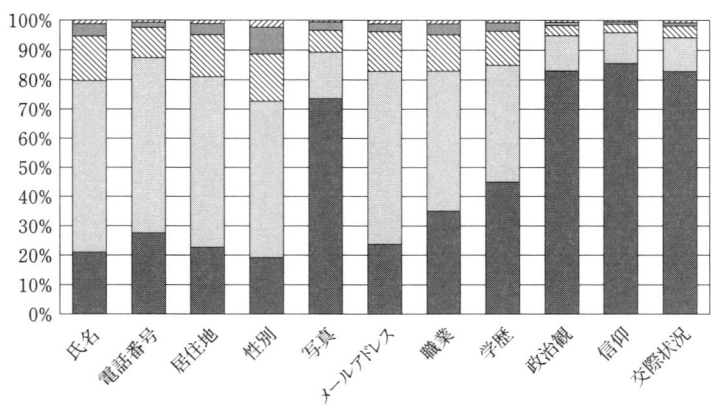

	氏名	電話番号	居住地	性別	写真	メールアドレス	職業	学歴	政治観	信仰	交際状況
全く登録していない	21.0%	27.6%	22.7%	19.2%	73.6%	23.7%	35.0%	44.9%	83.0%	85.4%	82.8%
登録しているサイトはあるが,他者には公開していないことが多い	58.7%	59.8%	58.3%	53.6%	15.7%	59.2%	47.9%	40.0%	11.8%	10.3%	11.3%
登録しているサイトはあるが,許可した相手にのみ公開していることが多い	14.9%	10.1%	14.1%	16.0%	7.3%	13.3%	12.1%	11.4%	3.4%	2.8%	3.9%
誰にでも公開していることが多い	4.1%	1.7%	3.7%	8.9%	2.8%	2.6%	3.7%	2.8%	1.1%	0.8%	1.1%
登録しているサイト全てで,誰にでも公開している	1.3%	0.8%	1.2%	2.4%	0.6%	1.2%	1.2%	0.9%	0.7%	0.5%	0.8%

図 3.1　パーソナルデータの登録状況（筆者作成）

（注）「あなたはインターネットで利用する Web サービスに以下のプライバシー情報を登録・公開していますか．」という質問に対する回答．

　図 3.2 は，自身のパーソナルデータが他者に知られることへの抵抗感を，知られる相手別に示したものである．「とても抵抗がある」と「やや抵抗がある」を合わせると，相手が「家族」や「親戚」であってもその割合は 6 割を超えており，一定の抵抗感があることがうかがえるが（家族 60.6％，親戚 68.1％），やはり，「広告業者」や「一般公開」についてはほとんどの利用者が抵抗を感じていることがわかる（広告業者 79.6％，一般公開 84.4％）．興味深い点は，Web サービス事業者への抵抗感が，オンラインで知り合った友人や仕事上の付き合いのある相手よりも若干小さい結果となっている点である（Web サービス事業者 70.8％，オンラインで知り合った友人 72.9％，仕事

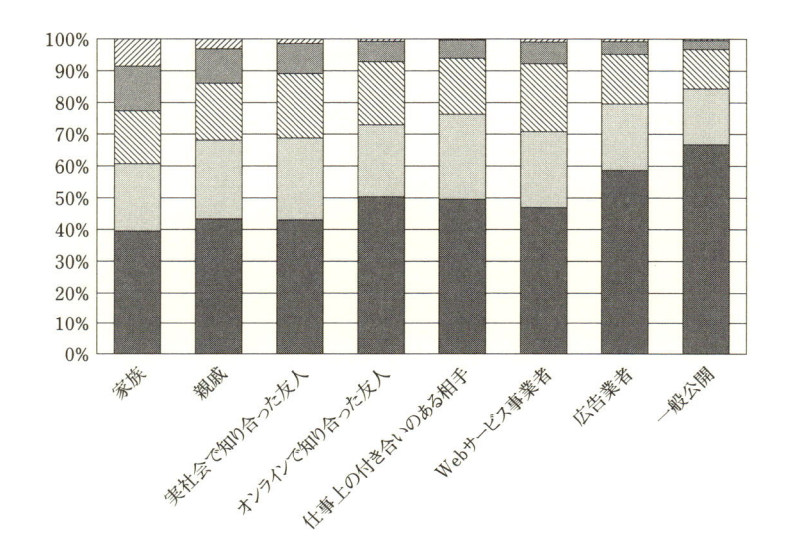

第3章　プライバシー懸念の要因

図3.2　パーソナルデータが知られることへの抵抗感（相手別）（筆者作成）

	家族	親戚	実社会で知り合った友人	オンラインで知り合った友人	仕事上の付き合いのある相手	Webサービス事業者	広告業者	一般公開
とても抵抗がある	39.4%	43.3%	43.0%	50.3%	49.5%	46.9%	58.6%	66.7%
やや抵抗がある	21.2%	24.8%	25.8%	22.6%	26.7%	23.9%	21.0%	17.7%
どちらともいえない	16.7%	18.0%	20.4%	19.8%	17.6%	21.4%	15.5%	12.3%
それほど抵抗はない	14.0%	10.7%	9.4%	6.4%	5.7%	6.8%	4.0%	2.8%
全く抵抗はない	8.6%	3.2%	1.5%	0.8%	0.4%	1.0%	0.9%	0.5%

（注）「インターネットで利用しているプライバシー情報を知られることに対して，あなたはどのように感じていますか．知られる相手毎に，抵抗感の程度を1～5段階でお答え下さい．」という質問に対する回答．

上の付き合いのある友人72.9%）．ひとつのアンケート結果から断定することはできないが，一定の距離がある他人よりは，信頼感のあるWebサービス事業者の方が，パーソナルデータが知られることに抵抗が小さい可能性がある．

図3.3は，自身のパーソナルデータが事業者に利用されることに対する抵抗感を，パーソナルデータの内容別に示したものである．「電話帳デー

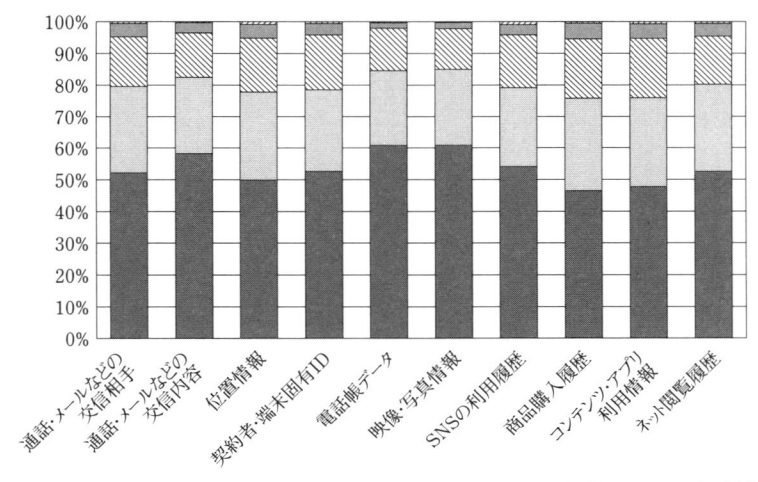

	通話・メールなどの交信相手	通話・メールなどの交信内容	位置情報	契約者・端末固有ID	電話帳データ	映像・写真情報	SNSの利用履歴	商品購入履歴	コンテンツ・アプリ利用情報	ネット閲覧履歴
とても抵抗がある	52.1%	58.2%	49.9%	52.6%	60.7%	60.8%	54.0%	46.5%	47.8%	52.5%
やや抵抗がある	27.4%	24.3%	27.9%	26.0%	23.8%	24.2%	25.1%	29.3%	28.2%	27.7%
どちらともいえない	15.6%	13.9%	17.0%	17.3%	13.3%	12.8%	16.6%	18.7%	18.8%	15.2%
それほど抵抗はない	4.2%	3.2%	4.3%	3.6%	1.7%	1.9%	3.2%	5.0%	4.6%	4.0%
全く抵抗はない	0.6%	0.4%	0.9%	0.6%	0.4%	0.3%	1.0%	0.5%	0.7%	0.6%

図 3.3　パーソナルデータが利用されることへの抵抗感（内容別）（筆者作成）

(注)「インターネットで利用しているプライバシー情報を，事業者がサービスの提供・向上のために利用することに対して，あなたはどのように感じていますか．それぞれの情報毎に，抵抗感の程度を 1〜5 段階でお答え下さい.」という質問に対する回答.

タ」や「映像・写真情報」は相対的に抵抗感が大きく，「とても抵抗がある」が 6 割を超え，「やや抵抗がある」を加えると 8 割を超える（電話帳データ 84.5%，映像・写真情報 85.0%).

　他についても，多くが「とても抵抗がある」が 5 割を超えており，いかなるパーソナルデータであっても一定の抵抗感が存在することがうかがえるが，事業者にとって活用が見込まれると考えられる「位置情報」，「商品購入履歴」，「SNS の利用履歴」，「コンテンツ・アプリ利用情報」などについては「とても抵抗がある」と「やや抵抗がある」の合計が 8 割を下回っ

第3章　プライバシー懸念の要因　77

| | 69.9% | 30.1% |

0%　　20%　　40%　　60%　　80%　　100%

■ 知っている　□ 知らない

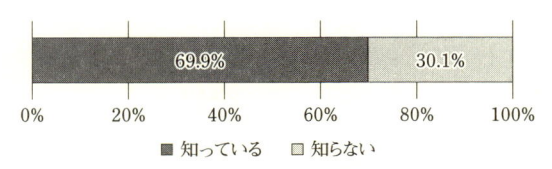

図3.4　プライバシーポリシーの認知度（筆者作成）

(注)「あなたは，Webサービスが，プライバシー情報の利用に関するポリシー（取得する情報の項目，利用目的等）を定めていることを知っていますか．」という質問に対する回答．

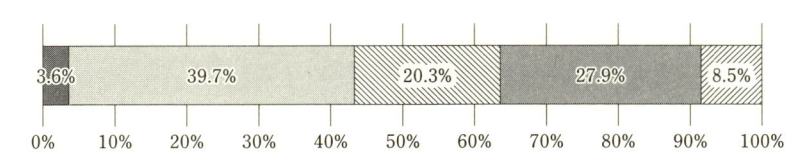

| 3.6% | 39.7% | 20.3% | 27.9% | 8.5% |

0%　10%　20%　30%　40%　50%　60%　70%　80%　90%　100%

■ ポリシーを読んでおり，詳細に理解している　　　　☒ ポリシーを読んでおり，概ね理解している
□ ポリシーを読んでいるが，理解していない　　　　　■ ポリシーを読んだことがない
☒ webサービス・アプリを利用していないので分からない

図3.5　プライバシーポリシーの理解度（筆者作成）

(注)「各種Webサービスのプライバシーポリシー全般における，情報の取得項目，利用目的等の理解状況について，最もよくあてはまるものを一つお答えください．」という質問に対する回答．

ており，さらに利用者の抵抗感を解消することで，より円滑なパーソナルデータの活用が見込める可能性がある（位置情報77.8%，商品購入履歴75.8%，SNSの利用履歴79.1%，コンテンツ・アプリ利用情報76.0%）．

図3.4，図3.5および図3.6は，事業者が定めるプライバシーポリシーに関する設問への回答状況であり，それぞれ，プライバシーポリシーの認知度，理解度および信頼度を示したものである．

プライバシーポリシーの認知度については「知っている」利用者が69.9%となっており，利用者にその存在をある程度認知されていることがうかがえる[6]．しかし，認知していることと理解していることに大きな乖離があることが図3.5からわかる．図3.5をみると，プライバシーポリシーを「詳細に理解している」利用者は3.6%に止まっており，ほとんどの利用者が完全

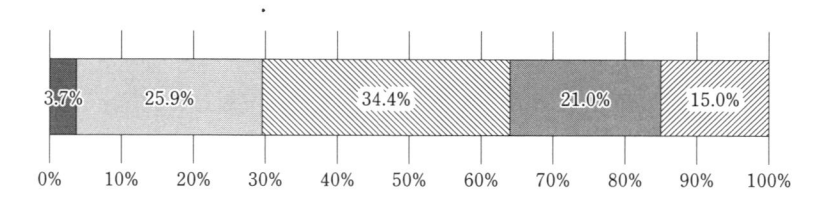

信用している	やや信用している	どちらでもない	やや信用していない	信用していない
3.7%	25.9%	34.4%	21.0%	15.0%

図 3.6　プライバシーポリシーの信頼度（筆者作成）

（注）「あなたは Web サービスのプライバシーポリシーをどの程度信用していますか．最もよく当てはまるものを以下の1～5段階でお答えください．」という質問に対する回答．

にはプライバシーポリシーを理解していないという結果になっている．「概ね理解している」利用者を含めても5割を下回っており（43.3%），仮に事業者が「プライバシーポリシーはしっかりと定め，その存在を利用者にしっかりと示している」ということで適切な対応を取っていると判断しているのであれば，それは必ずしも望ましい状況となっていない可能性がある．

さらに，利用者にとっては，プライバシーポリシーがあまり信頼できないという状況となっていることもうかがえる．図3.6をみると，プライバシーポリシーを「信用している」利用者は3.7%となっており，「やや信用している」を含めても3割を下回っている（29.6%）．利用者にとって，プライバシーポリシーを理解できていないので信頼度が低いのか，そもそも信頼度が低いので理解しようとしないのか，その関係の方向性はこの結果からあきらかになるものではないが，プライバシーポリシーという仕組みが有効に機能していない可能性があることがこれらの結果からは示唆される．

6）　ただし，約3割の利用者がプライバシーポリシーの存在を認知していないという状況の評価は難しい．もちろん，インターネットを通じたサービスを利用しているか否かということにも関わってくるが，現在のインターネットを通じたサービスの浸透や，このアンケートがWebアンケートであることを考えると，この3割の利用者は「インターネットを通じたサービスを利用しているものの，プライバシーポリシーというものを知らない」という可能性が高い．

3.4.3 SNS の利用有無からみた検討

近年利用が進んでいる SNS は，パーソナルデータが活用されるサービスの典型といえる．また，そのサービスはパーソナルデータを積極的に知らせる性格のものであり[7]，SNS の利用にあたっては，自身のパーソナルデータの活用をコントロールすることが求められる[8]．そこで，パーソナルデータが知られることに対する抵抗感やプライバシーポリシーの認知度などは，SNS の利用状況によっていかに異なるかについて，いくつかのケースについて追加的に検討したい．

はじめに，自身のパーソナルデータが知られることに対する抵抗感についてみる．図3.7 は，パーソナルデータが Web サービス事業者に知られることに対する抵抗感を，代表的な SNS である facebook と twitter の利用有無別にみたものである．「とても抵抗がある」については SNS を利用していない利用者のほうが割合が大きく，それ以外については SNS の利用者の割合のほうが大きい結果となっている．一定程度以上の抵抗感があると，パーソナルデータを活用する SNS の利用を躊躇させている可能性が考えられる．同じ SNS でも，facebook と twitter では実名制と匿名性の違いなどがあり，パーソナルデータの使われ方は異なるが，両者に大きな差異は見られない．

図 3.8 は，パーソナルデータが一般公開されることに対する抵抗感について示したものである．Web サービス事業者へ知られることに対する抵抗感と同様の傾向となっているものの，「とても抵抗がある」とする割合が全体的に高くなっている．とくに，SNS を利用していない利用者の割合は 7 割前後と高い．

つぎに，プライバシーポリシーに関する認知度，理解度，信頼度についてみる．プライバシーポリシーの検討に関しては，SNS の利用有無に加え，

---

7) とはいえ，パーソナルデータをどういった範囲に公開するかなどを自身で決める必要がある．
8) 実際には，深く考えず利用している利用者も存在すると考えられる．

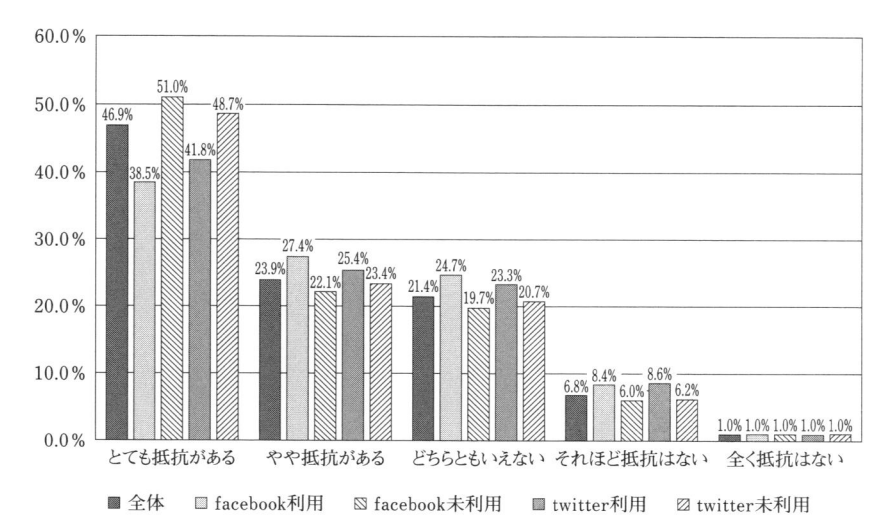

図 3.7　Web サービス事業者へ知られることへの抵抗感（SNS 利用有無別）
（総務省 2014c, p. 133 をもとに筆者作成）

　パーソナルデータが利用されることへの抵抗感による相違も合わせてみることとする．ここでは，SNS の利用有無という基準を踏まえ，「SNS の利用履歴情報が事業者に利用される」ことについて「とても抵抗がある」「やや抵抗がある」と回答した利用者を「利用抵抗あり」とし，その他を「利用抵抗なし」とした．

　図 3.9 は，抵抗感と facebook の利用有無別にプライバシーポリシーの認知度をみたものである．もっともプライバシーポリシーを知っている割合が大きいのは，facebook を使用しており，かつ，パーソナルデータの利用には抵抗がない利用者となっている（76.2%）．SNS を利用するような利用者はプライバシーポリシーを認知しており，その認知が，パーソナルデータが利用されることへの抵抗を無くしていることが推察される．

　図 3.10 は，twitter の利用有無で同様にみたものであり，facebook との大きな違いはみられない．

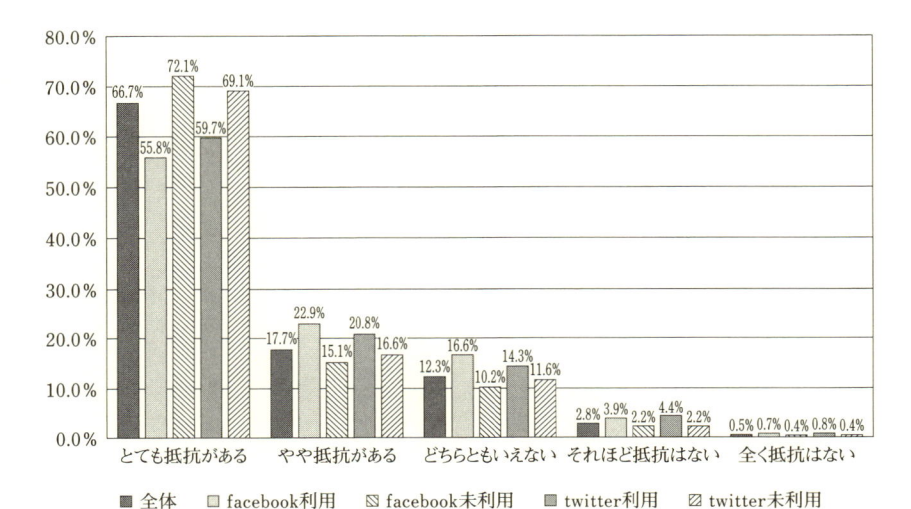

第 3 章　プライバシー懸念の要因　　　　　　　　　　81

図 3.8　一般公開されることへの抵抗感（SNS 利用有無別）
（総務省 2014c, p. 134 をもとに筆者作成）

　図 3.11 は抵抗感と facebook の利用有無別にプライバシーポリシーの理解度をみたものである．facebook を使用しており，かつ，パーソナルデータの利用には抵抗がない利用者が「詳細に利用している」「概ね利用している」の割合が大きくなっていることは，プライバシーポリシーの認知度と整合的な結果である．プライバシーポリシーを理解していることが，利用の抵抗感を下げ，SNS などのプライバシーポリシーを活用するサービスの利用につながっていることが示唆される[9]．twitter についてみた場合も大きな違いはないが（図 3.12），twitter の場合は「概ね理解している」において抵抗がある利用者のほうが，抵抗がない twitter 利用者よりも若干割合が大きくなっている．これは，twitter と facebook の利用者層の相違など

---

9)　一方で，「SNS の利用を通じてプライバシーポリシーに関心が生じ，理解が深まる」というロジックも考えられる．どちらの方向のロジックが正しいかは，さらに詳細な分析が必要である．

```
     80.0%
             75.2% 76.2%
     70.0% 69.9%          68.3%
                                65.2%
     60.0%

     50.0%

     40.0%
                                             31.7% 34.8%
                                       30.1%
     30.0%                                   24.8% 23.8%
     20.0%

     10.0%

      0.0%
              知っている                    知らない

    ■ 全体                    □ 利用抵抗あり／facebook利用    ▧ 利用抵抗なし／facebook利用
    ▤ 利用抵抗あり／facebook未利用  ▨ 利用抵抗なし／facebook未利用
```

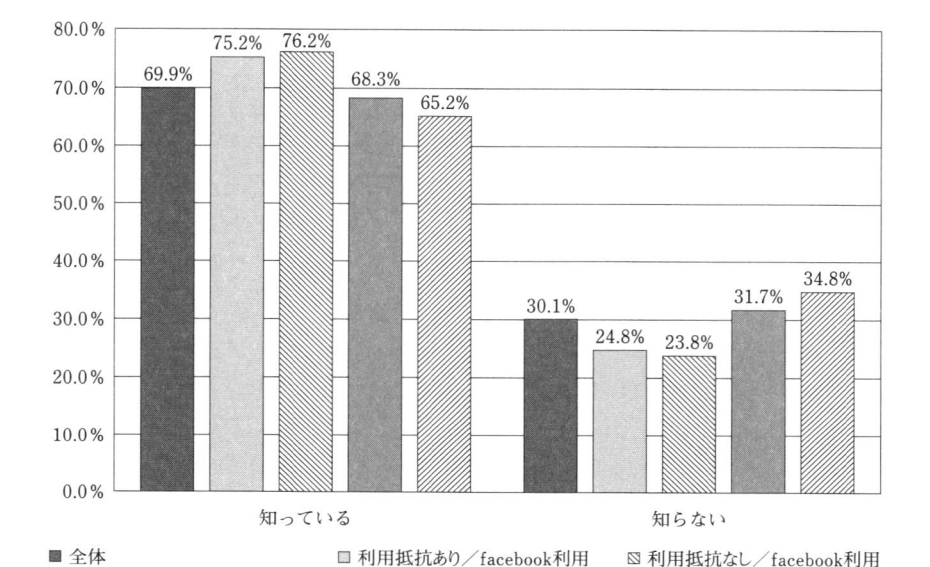

図 3.9　プライバシーポリシーの認知度（抵抗感・facebook 利用有無別）
（総務省 2014c, p. 135 をもとに筆者作成）

から生じた結果であることなどが推察できるが，その検証にはさらに詳細な分析が必要であろう．

　図 3.13 は抵抗感と facebook の利用有無別にプライバシーポリシーの理解度をみたものである．プライバシーポリシーの信頼度についても，「信用している」「やや信用している」の割合は，facebook を使用しており，かつ，パーソナルデータの利用には抵抗がない利用者がもっとも大きくなっており，プライバシーポリシーの理解度と同様の傾向となっている．twitter の場合においても（図 3.14），その傾向は同様である．

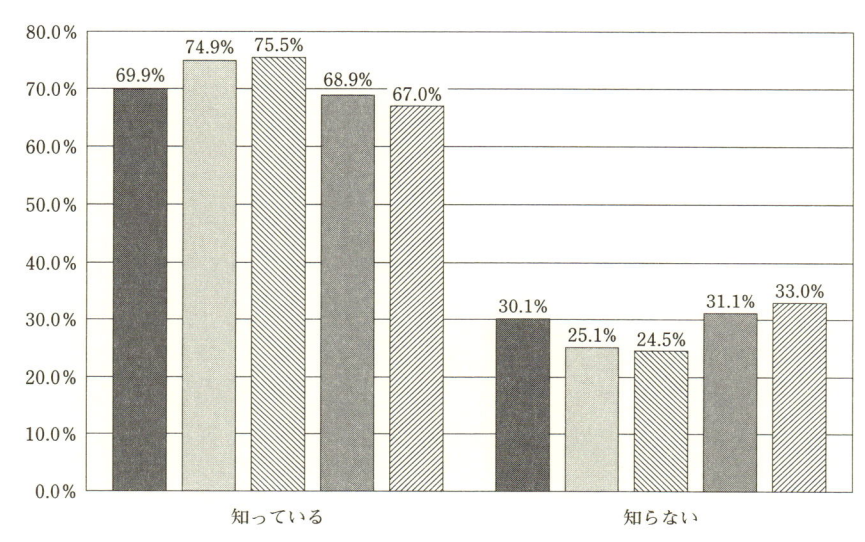

第 3 章　プライバシー懸念の要因

図 3.10　プライバシーポリシーの認知度（抵抗感・twitter 利用有無別）
（総務省 2014c, p. 136 をもとに筆者作成）

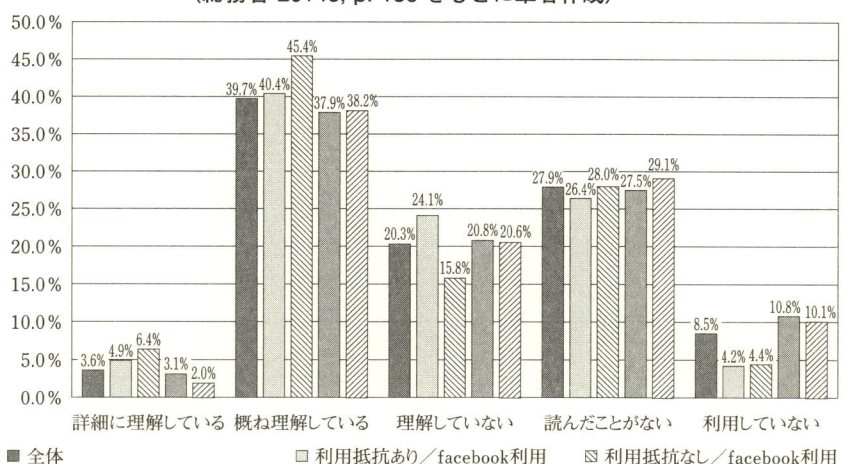

図 3.11　プライバシーポリシーの理解度（抵抗感・facebook 利用有無別）（筆者作成）

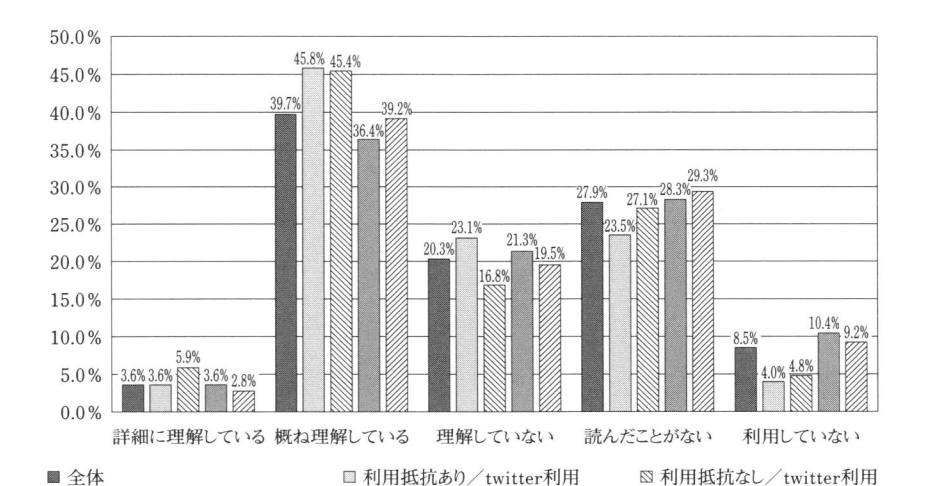

図 3.12　プライバシーポリシーの理解度（抵抗感・twitter 利用有無別）（筆者作成）

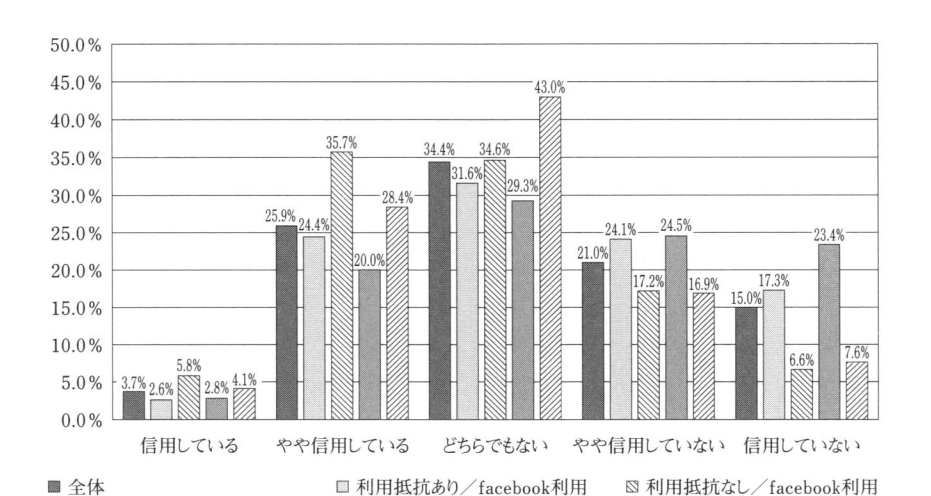

図 3.13　プライバシーポリシーの信頼度（抵抗感・facebook 利用有無別）
（総務省 2014c, p. 137 をもとに筆者作成）

第 3 章 プライバシー懸念の要因　　　　　　　　　　　　　　85

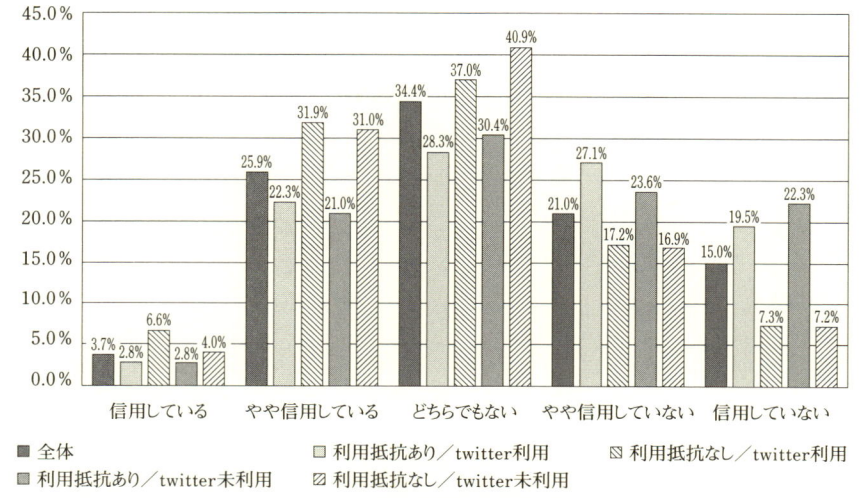

図 3.14　プライバシーポリシーの信頼度（抵抗感・twitter 利用有無別）
（総務省 2014c, p. 137 をもとに筆者作成）

凡例：■ 全体　□ 利用抵抗あり／twitter 利用　☒ 利用抵抗なし／twitter 利用　■ 利用抵抗あり／twitter 未利用　☒ 利用抵抗なし／twitter 未利用

カテゴリ	全体	利用抵抗あり／twitter 利用	利用抵抗なし／twitter 利用	利用抵抗あり／twitter 未利用	利用抵抗なし／twitter 未利用
信用している	3.7%	2.8%	6.6%	2.8%	4.0%
やや信用している	25.9%	22.3%	31.9%	21.0%	31.0%
どちらでもない	34.4%	28.3%	37.0%	30.4%	40.9%
やや信用していない	21.0%	27.1%	17.2%	23.6%	16.9%
信用していない	15.0%	19.5%	7.3%	22.3%	7.2%

3.5　抵抗感，プライバシーポリシーに関する推計

3.5.1　分析の設計

　前節では調査結果の簡単な検討をおこない，全般的にパーソナルデータが利用されることへの抵抗感が大きいことや，プライバシーポリシーの理解度，信頼度が低い傾向にあることを示した．また，SNS の利用の有無によってそれらが異なることも示した．

　しかし，前節の検討はあくまでも定性的な結果をみたものであり，パーソナルデータが利用されることに対する抵抗感やプライバシーポリシーの理解度，信頼度などが，具体的にどのような要因に左右されるかについては，定量的な分析が求められる．また，2 節でみたように，先行研究の多くは，プライバシー懸念をサービス利用の対価としてみたり，プライバシ

ーポリシーの有無でみたりしているのみであり，プライバシーポリシーそのものへの理解，信頼まで検討を進めていない．

そこで，本節では，パーソナルデータが利用されることに対する抵抗がどのような要因で左右されるのか，また，利用者は，事業者が設定するプライバシーポリシーをどの程度認識，理解しているのか，について，利用者の属性，通信サービス利用状況，各種サービス利用状況にいかに影響を受けるかという観点から分析をおこなう．

このような観点からの分析をおこなうために，分析ではパーソナルデータが利用されることへの抵抗感，プライバシーポリシーの認知度，理解度および信頼度を被説明変数とし，利用者の属性，通信サービス利用状況，各種サービス利用状況を説明変数とする複数のモデルを設定し，調査結果を用いて推計をおこなう．

3.5.2 モデルと変数の作成

前項の設計にもとづき，具体的にはつぎの5つのモデルを設定する．なお，変数作成の詳細は表 3.4，また，変数の基本統計量は表 3.5 のとおりである．

① 「契約者・端末固有 ID」利用への抵抗感に関するモデル
  ・被説明変数：「契約者・端末固有 ID」を事業者がサービスの提供・向上のために利用することに対する抵抗感（5段階の順序変数）
  ・説明変数：
  【個人属性】
    性別（男性 = 1，女性 = 0 のダミー変数）
    年齢（実数）
    結婚の有無（既婚 = 1，未婚 = 0 のダミー変数）
    家計収入（6段階の順序変数）
    学歴（最終学齢が大学および大学院 = 1，それ以外 = 0 とするダミー変数）

第3章 プライバシー懸念の要因

表 3.4 変数作成の詳細 (筆者作成)

		本分析上の項目	調査での質問文	回答形式、項目	変数の作成
被説明変数		「契約者・端末固有ID」利用への抵抗感	インターネットで利用しているプライバシー情報を、事業者がサービスの提供・向上のために利用することに対して、あなたはどのように感じていますか。それぞれの情報毎に、抵抗感の程度を1～5段階でお答え下さい。	「とても抵抗がある」～「全く抵抗はない」の5段階選択	5段階の順序変数
		「ネット閲覧履歴」利用への抵抗感	インターネットで利用しているプライバシー情報を、事業者がサービスの提供・向上のために利用することに対して、あなたはどのように感じていますか。それぞれの情報毎に、抵抗感の程度を1～5段階でお答え下さい。	「とても抵抗がある」～「全く抵抗はない」の5段階選択	5段階の順序変数
		「認知度」	あなたは、Webサービスが、プライバシー情報の利用に関するポリシー(取得する情報の項目、利用目的等)を定めていることを知っていますか。	「知っている」or「知らない」の選択	「知っている」=1、「知らない」=0のダミー変数
		「理解度」	各種Webサービスのプライバシーポリシーの、利用目的等の理解状況における、情報の取得項目、利用目的等の理解状況について、最もよく当てはまるものを一つお答えください。	「ポリシーを読んでいる」～「Webサービス・アプリを利用していないので分からない」の5段階選択	5段階の順序変数
		「信頼度」	あなたはWebサービスのプライバシーポリシーをどの程度信用していますか。最もよく当てはまるものを以下の1～5段階でお答えください。	「信用している」～「信用していない」の5段階選択	5段階の順序変数
説明変数	個人属性	性別		男性=1、女性=0のダミー変数	
		年齢			実数
		結婚有無			既婚=1、未婚=0のダミー変数
		家計収入			6段階の順序変数
		学歴(大学以上)			最終学歴が大学、大学院=1、それ以外=0とするダミー変数
	通信サービス	FTTH利用			FTTH利用者=1、それ以外=0のダミー変数
		CATV利用			CATV利用者=1、それ以外=0のダミー変数
	プライバシーポリシー	プライバシーポリシー理解度	※上記「被説明変数」の「理解度」と同じ	※ADSLをベースとした3種類の回帰式用のダミーを作成	※この2変数は、「契約者・端末固有ID」利用への抵抗感、「ネット閲覧履歴」利用への抵抗感の説明変数としてのみ利用。
		プライバシーポリシー信頼度			
	サービス利用	セキュリティサービス利用有無	個別サービス選択肢から複数選択	個別サービス選択肢から複数選択	選択肢「利用していない」にチェック=0、チェックされていない=1の「理解度」、「認知度」の8変数は、「認知度」、「理解度」、「信頼度」の説明変数としてのみ利用。
		ネットショップ利用有無			
		SNS利用有無	固定インターネットで利用する○○(※左記各項目)はこのうちどれですか。あてはまるものをいくつでもお答えください。		
		動画配信サービス利用有無			
		音楽配信サービス利用有無			
		インターネット決済利用有無			
		個人向けクラウド利用有無			

表3.5 基本統計量（筆者作成）

	平均	標準偏差	最大値	最小値
「契約者・端末固有ID」利用への抵抗感	0.736	0.909	4	0
「ネット閲覧履歴」利用への抵抗感	0.725	0.904	4	0
プライバシーポリシー認知度	0.699	0.459	1	0
プライバシーポリシー理解度	2.022	1.076	4	0
プライバシーポリシー信頼度	1.822	1.089	4	0
性別	0.669	0.471	1	0
年齢	47.432	11.702	79	16
結婚の有無	0.666	0.472	1	0
学歴（大学以上）	0.567	0.496	1	0
世帯収入	2.877	1.538	9	1
FTTH利用	0.688	0.463	1	0
CATV利用	0.170	0.376	1	0
セキュリティサービス利用有無	0.460	0.498	1	0
ネットショップ利用有無	0.752	0.432	1	0
ネットゲーム利用有無	0.151	0.358	1	0
SNS利用有無	0.490	0.500	1	0
動画配信サービス利用有無	0.795	0.404	1	0
音楽配信サービス利用有無	0.300	0.458	1	0
インターネット決済利用有無	0.933	0.249	1	0
個人向けクラウド利用有無	0.264	0.441	1	0

【通信サービス】

FTTHの利用（FTTH利用者＝1，それ以外＝0のダミー変数）

CATVの利用（CATV利用者＝1，それ以外＝0のダミー変数）

【プライバシーポリシー】

プライバシーポリシーの理解度（5段階の順序変数）

プライバシーポリシーの信頼度（5段階の順序変数）

② 「ネットの閲覧履歴」利用への抵抗感に関するモデル

・被説明変数：「ネットの閲覧履歴」を事業者がサービスの提供・向上のために利用することに対する抵抗感（5段階の順序変数）

・説明変数：

【個人属性】

性別（男性＝1，女性＝0のダミー変数）

年齢（実数）
結婚の有無（既婚＝1，未婚＝0のダミー変数）
家計収入（6段階の順序変数）
学歴（最終学齢が大学および大学院＝1，それ以外＝0とするダミー変数）
【通信サービス】
FTTHの利用（FTTH利用者＝1，それ以外＝0のダミー変数）
CATVの利用（CATV利用者＝1，それ以外＝0のダミー変数）
【プライバシーポリシー】
プライバシーポリシーの理解度（5段階の順序変数）
プライバシーポリシーの信頼度（5段階の順序変数）

③プライバシーポリシーの認知度に関するモデル
・被説明変数：事業者がプライバシー情報の利用に関するポリシーを定めていることを知っているか（「知っている」＝1，「知らない」＝0のダミー変数）
・説明変数：
【個人属性】
性別（男性＝1，女性＝0のダミー変数）
年齢（実数）
結婚の有無（既婚＝1，未婚＝0のダミー変数）
家計収入（6段階の順序変数）
学歴（最終学齢が大学および大学院＝1，それ以外＝0とするダミー変数）
【通信サービス】
FTTHの利用（FTTH利用者＝1，それ以外＝0のダミー変数）
CATVの利用（CATV利用者＝1，それ以外＝0のダミー変数）
【サービス利用】（すべて，「利用していない」にチェック＝0，チェックされていない＝1のダミー変数）
セキュリティサービスの利用
ネットショップの利用

　　　　ネットゲームの利用
　　　　SNSの利用
　　　　動画配信サービスの利用
　　　　音楽配信サービスの利用
　　　　インターネット決済の利用
　　　　個人向けクラウドの利用
④プライバシーポリシーの理解度に関するモデル
　・被説明変数：プライバシーポリシー全般に関する理解の状況（5段階の順序変数）
　・説明変数：
　　【個人属性】
　　　　性別（男性＝1，女性＝0のダミー変数）
　　　　年齢（実数）
　　　　結婚の有無（既婚＝1，未婚＝0のダミー変数）
　　　　家計収入（6段階の順序変数）
　　　　学歴（最終学齢が大学および大学院＝1，それ以外＝0とするダミー変数）
　　【通信サービス】
　　　　FTTHの利用（FTTH利用者＝1，それ以外＝0のダミー変数）
　　　　CATVの利用（CATV利用者＝1，それ以外＝0のダミー変数）
　　【サービス利用】（すべて，「利用していない」にチェック＝0，チェックされていない＝1のダミー変数）
　　　　セキュリティサービスの利用
　　　　ネットショップの利用
　　　　ネットゲームの利用
　　　　SNSの利用
　　　　動画配信サービスの利用
　　　　音楽配信サービスの利用
　　　　インターネット決済の利用

第3章　プライバシー懸念の要因　　　　　　　　91

　　　個人向けクラウドの利用
⑤プライバシーポリシーの信頼度に関するモデル
　・被説明変数：プライバシーポリシーをどの程度信用しているか（5段階の順序変数）
　・説明変数：
　　【個人属性】
　　　性別（男性＝1，女性＝0のダミー変数）
　　　年齢（実数）
　　　結婚の有無（既婚＝1，未婚＝0のダミー変数）
　　　家計収入（6段階の順序変数）
　　　学歴（最終学齢が大学および大学院＝1，それ以外＝0とするダミー変数）
　　【通信サービス】
　　　FTTHの利用（FTTH利用者＝1，それ以外＝0のダミー変数）
　　　CATVの利用（CATV利用者＝1，それ以外＝0のダミー変数）
　　【サービス利用】（すべて，「利用していない」にチェック＝0，チェックされていない＝1のダミー変数）
　　　セキュリティサービスの利用
　　　ネットショップの利用
　　　ネットゲームの利用
　　　SNSの利用
　　　動画配信サービスの利用
　　　音楽配信サービスの利用
　　　インターネット決済の利用
　　　個人向けクラウドの利用

　これら5つのモデルの説明変数は，「③プライバシーポリシーの認知度に関するモデル」のみ2値変数，それ以外の4つのモデルが5段階の順序変数となっている．

「③プライバシーポリシーの認知度に関するモデル」については，選択確率が以下のように表される2項ロジットモデルによる推計をおこなう．

$$P(y_i = 0) = 1 - P(y_i = 1)$$
$$P(y_i = 1) = \frac{1}{1 + \exp\left(-\left(\alpha + \sum_{j=0}^{k} \beta_j x_{ij}\right)\right)}$$

ここで，Pは選択確率，yは各被説明変数，xは各説明変数，αは定数項，βはパラメータを表す．

その他の4つのモデルについては，選択確率が以下のように表される順序ロジットモデルによる推計をおこなう．

$$P(y_i = 0) = \frac{1}{1 + \exp\left(-u_1 + \sum_{j=0}^{k} \beta_j x_{ij}\right)}$$

$$P(y_i = 1) = \frac{1}{1 + \exp\left(-u_2 + \sum_{j=0}^{k} \beta_j x_{ij}\right)} - \frac{1}{1 + \exp\left(-u_1 + \sum_{j=0}^{k} \beta_j x_{ij}\right)}$$

$$P(y_i = 2) = \frac{1}{1 + \exp\left(-u_3 + \sum_{j=0}^{k} \beta_j x_{ij}\right)} - \frac{1}{1 + \exp\left(-u_2 + \sum_{j=0}^{k} \beta_j x_{ij}\right)}$$

$$P(y_i = 3) = \frac{1}{1 + \exp\left(-u_4 + \sum_{j=0}^{k} \beta_j x_{ij}\right)} - \frac{1}{1 + \exp\left(-u_3 + \sum_{j=0}^{k} \beta_j x_{ij}\right)}$$

$$P(y_i = 4) = \frac{1}{1 + \exp\left(-u_5 + \sum_{j=0}^{k} \beta_j x_{ij}\right)} - \frac{1}{1 + \exp\left(-u_3 + \sum_{j=0}^{k} \beta_j x_{ij}\right)}$$

ここで，Pは選択確率，yは各被説明変数，xは各説明変数，uおよびβはパラメータを表す．

3.5.3 推計結果と考察

推計結果は，表3.6および表3.7のとおりである．

はじめに，抵抗感についてみてみたい．まず注目したいのは，プライバ

シーポリシー関連の変数である．推計結果をみると，どちらの抵抗感についても，プライバシーポリシーの理解度が高い利用者は抵抗感が下がり，逆に，プライバシーポリシーへの信頼度が高い利用者は抵抗感が上がるという結果となった．

このことから，少なくともプライバシーポリシーの理解と信頼は本質的にまったく異なるものであることが示唆される．

プライバシーポリシーの理解とは，リテラシーと表現できるかもしれない．すなわち，事業者がパーソナルデータをどのように利用するかについてよくわかっていて余計な心配をしないことが，抵抗感を下げるのかもしれない．ただし，皮肉な解釈をすれば，利用者は事業者がプライバシーポリシーどおりにパーソナルデータを扱わないことを「理解している」ことが，あきらめという意味において抵抗感を下げているとみることもできるかもしれない．

プライバシーポリシーの信頼とは，事業者への信用とつながっていると考えることができる．この意味において，現状のプライバシーポリシーの規定の水準では，利用者に不安が残るものとなっていることが示唆される．

他の変数をみると，学歴が閲覧履歴を利用されることへの抵抗感を下げるという結果になっている．一つの解釈をすれば，これは前述のリテラシーの影響と関連があるかもしれないが，学歴とリテラシーの関係についてはさらに慎重に分析を進める必要があるだろう．また，ADSLの利用者に比べてFTTHおよびCATVの利用者が，抵抗感が上がる結果となっているが，これは回線の特性というよりも，利用レベルが影響したものと推察できる．

つぎに，プライバシーポリシーについてみてみたい．推計結果をみると，年齢が高い利用者や，セキュリティサービス，ネットショップといったサービスの利用者は，プライバシーポリシーへの認知度，理解度が高いものの，信頼度が高いとはいえないということがうかがえる．今回のサービス利用変数のなかで，セキュリティサービスやネットショップは比較的広く

表 3.6 推計結果（抵抗感）（髙口・黒田・依田 2014）

	「契約者・端末固有ID」利用への抵抗感			「ネット閲覧履歴」利用への抵抗感		
	係数	標準誤差	p-value	係数	標準誤差	p-value
定数項	-0.295	0.143	0.040	-0.667	0.143	<0.001
性別	0.410	0.058	<0.001	0.361	0.058	<0.001
年齢	-0.010	0.002	<0.001	-0.002	0.002	0.492
結婚の有無	0.038	0.060	0.522	-0.010	0.060	0.865
学歴（大学以上）	-0.081	0.054	0.136	-0.142	0.054	0.009
世帯収入	-0.004	0.018	0.832	-0.005	0.018	0.781
FTTH 利用	0.128	0.077	0.094	0.136	0.077	0.077
CATV 利用	0.202	0.093	0.030	0.115	0.094	0.219
プライバシー理解度	-0.090	0.025	<0.001	-0.074	0.025	0.003
プライバシー信頼度	0.275	0.026	<0.001	0.312	0.026	<0.001

表 3.7 推計結果（プライバシーポリシー）（髙口・黒田・依田 2014）

	[認知度]			[理解度]			[信頼度]		
	係数	標準誤差	p-value	係数	標準誤差	p-value	係数	標準誤差	p-value
定数項	-1.515	0.335	<0.001	0.159	0.163	0.329	0.339	0.160	0.034
性別	0.018	0.112	0.875	-0.076	0.053	0.154	-0.097	0.053	0.064
年齢	0.019	0.005	<0.001	0.010	0.002	<0.001	0.004	0.002	0.105
結婚の有無	-0.198	0.119	0.095	-0.120	0.056	0.031	0.072	0.055	0.191
学歴（大学以上）	0.218	0.107	0.042	0.074	0.051	0.146	-0.055	0.050	0.267
世帯収入	-0.057	0.035	0.101	0.010	0.017	0.532	-0.015	0.016	0.342
FTTH 利用	0.090	0.146	0.536	-0.010	0.070	0.885	0.089	0.069	0.198
CATV 利用	0.200	0.182	0.270	-0.012	0.086	0.890	0.131	0.085	0.124
セキュリティサービス利用有無	0.365	0.106	0.001	0.127	0.050	0.011	0.082	0.049	0.097
ネットショップ利用有無	0.485	0.116	<0.001	0.124	0.058	0.033	-0.011	0.057	0.845
ネットゲーム利用有無	0.049	0.151	0.745	0.061	0.069	0.374	0.011	0.068	0.869
SNS 利用有無	0.130	0.111	0.243	0.092	0.052	0.079	0.048	0.052	0.354
動画配信サービス利用有無	0.422	0.129	0.001	0.301	0.064	<0.001	0.060	0.063	0.344
音楽配信サービス利用有無	0.077	0.122	0.527	0.104	0.056	0.065	0.083	0.055	0.134
インターネット決済利用有無	0.494	0.192	0.010	0.377	0.100	<0.001	0.417	0.099	<0.001
個人向けクラウド利用有無	0.534	0.131	<0.001	0.289	0.058	<0.001	0.131	0.057	0.022

使われていると考えられるサービスであるといえる．この点で，これらのサービスの利用者はインターネット利用者におけるマジョリティとみることができ，そこへ一定程度プライバシーポリシーが浸透しているということが示唆される．一方で，信頼への影響がみられないことから，必ずしも信頼してサービスを利用しているわけではない可能性がある．

　他の変数に関しては，インターネット上での決済や個人向けクラウドといった特定のサービスを利用している利用者は，プライバシーポリシーの信頼度が高いという結果となった．これらのサービスはネットショップなどと比べると利用されている割合が小さいと考えられ，この点で，これらのサービスの利用者はインターネット利用者におけるアーリーアダプターとみることができる．こういったサービスの利用者に関しては，プライバシーポリシー，さらには事業者への信頼が利用を促進させる可能性が示唆される[10]．

3.6　本章のまとめ

　本章では，インターネットを通じたサービスの利用者が，自身のパーソナルデータを利用されることに対しどの程度抵抗があるのか，また，事業者が設定しているパーソナルデータに関するプライバシーポリシーをどの程度認知しているのかについて，あきらかにした．とくに，パーソナルデータが利用されることに対する抵抗がどのような要因で左右されるのか，また，利用者は，事業者が設定するプライバシーポリシーをどの程度認識，理解しているのか，について，利用者の属性，通信サービス利用状況，各種サービス利用状況にいかに影響を受けるかという観点から分析をおこなった．

　分析を通じて，利用者がパーソナルデータを事業者に利用されることの

---

[10]　逆にいえば，信頼されないと利用されないサービスであると解釈することも可能だろう．

抵抗感は，プライバシーポリシーに関わることがあきらかになった．とくに，プライバシーポリシーに関しては，理解，すなわち，リテラシーのみならず，それをプライバシーポリシーの信頼へと移行させることの重要性が示唆された．プライバシーポリシーを理解することと信頼することは大きく異なる．インターネット利用者におけるマジョリティはプライバシーポリシーを理解していることが示されたが，信頼までには至っていないことが示唆された．この状況では，皮肉な解釈を示したように，あきらめや，どうでもいいといった感覚によってパーソナルデータを利用されることの抵抗感が下がっているにすぎない．

　今後のパーソナルデータ活用には，プライバシーポリシーの信頼を醸成することが不可欠であろう．そのためには，事業者自身が利用者のリテラシーを高めることに目を向けなければならないと同時に，パーソナルデータの利用に関するリテラシーを高める政策的対応も検討する余地があろう．

第4章 スイッチングコストからみた経済価値
利用者の分析②

4.1 はじめに

　本章の目的は，パーソナルデータがインターネットを利用するサービスのスイッチングコストに与える影響をあきらかにすることである．

　現在，多くのインターネットを利用するサービスにおいて，サービス利用のために，パーソナルデータを登録したり，事業者がパーソナルデータを利用することを認めなければならない．第2章で示したように，インターネットショッピングサイトを利用する場面を想定すると，買い物をするためには，さまざまなパーソナルデータを登録しなければならない．また，購入履歴や閲覧履歴といったパーソナルデータが蓄積される．したがって，利用するインターネットショッピングサイトを変更するとすれば，新たにパーソナルデータを登録しなければならないことや，購入履歴や閲覧履歴などが無くなること，また，乗り換える前に使っていたサイトに登録した自身のパーソナルデータが今後どうなるのかについての不安という意味でのスイッチングコストが生じる．

　スイッチングコストとしてパーソナルデータを捉えることは，パーソナルデータの経済価値を捉えることにほかならない．パーソナルデータの経済価値が高ければ高いほど，購入履歴や閲覧履歴が無くなることのコストは高まるし，乗り換え前のサイトに登録されたパーソナルデータの今後の扱いが不安になると考えられるからである．この意味で，本章の分析は，コストというマイナスの側面からみたパーソナルデータの経済価値の分析と

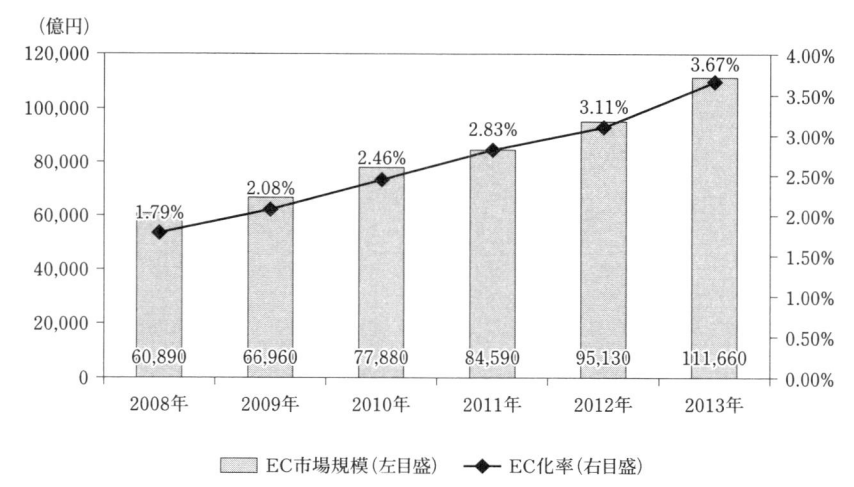

図 4.1 日本の B to C 電子商取引市場規模の推移（経済産業省 2014, p. 58）

いえる．

本章の分析では，具体的にインターネットショッピングサイトを対象として取り上げることとする．近年，日本ではブロードバンドの進展，スマートフォンの普及により，B to C の電子商取引が盛んになっている．経済産業省によると，2013 年時点での日本の B to C の電子商取引市場規模は 11.2 兆円であり，前年比 17.4% の増加となっている（図 4.1）．主たる B to C の電子商取引は小売り・サービス業であり，その総額は 2013 年で 7.8 兆円となっている．

小売り・サービス業の B to C 電子商取引に関して，一般の消費者はおもにインターネットショッピングサイトを利用する．日本におけるインターネットショッピングサイトは，楽天市場，Amazon，Yahoo の 3 者が主たるサイトである．その中でも近年シェアを伸ばしている楽天市場と Amazon の 2 者で 4 割以上のシェアを占めており（図 4.2），日本のインターネットショッピング市場はこの 2 者による競争が中心となっている．

インターネットショッピングサイトを利用してショッピングをおこなう

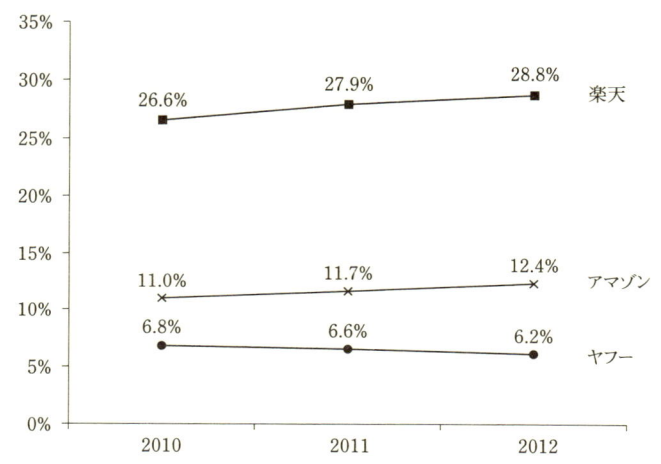

第4章　スイッチングコストからみた経済価値

図4.2　日本のインターネットショッピングサイトのシェア(楽天株式会社 2013)

ためには，前述のとおり，少なくとも氏名，メールアドレス，住所をサイトに登録しなければならず，場合によってはクレジットカード情報も登録する必要がある．加えて，多くのインターネットショッピングサイトが，ショッピングの利便性を高めるためにサイトでの購入履歴や閲覧履歴を利用者に提供している．これらはすべて，パーソナルデータといえることから，インターネットショッピングサイトの利用においては，サイトにさまざまなパーソナルデータが登録・蓄積されることとなる．したがって，利用するインターネットショッピングサイトを変更するとすれば，この点が利用者にとってスイッチングコストとなる可能性がある．

　本章の構成は，つぎのとおりである．次節では，スイッチングコストとパーソナルデータの関係について，簡単に先行研究をみる．第3節では，分析のためにおこなったアンケート調査の概要と，主要な調査結果について示す．第4節では，コンジョイント分析による推計をおこなう．第5節で本章をまとめる．

4.2 パーソナルデータとスイッチングコスト

スイッチングコストは，利用する財・サービスを切り替える場合に生じる経済的，また心理的コストである．スイッチングコストに関する経済学的研究としては，Klemperer (1987) による2期間のモデルを用いた既存ブランドと新規参入ブランドの分析や，Shy (2001) による金融業のスイッチングコストに関するモデル分析など，多くの理論研究が存在する．また，包括的なサーベイ論文としては Farrell and Klemperer (2007) がある．

実証分析に関しては，Shy (2002) がスイッチングコストの推計方法を提案しているほか，情報通信分野については，Valletti and Cave (1998) によるイギリスの携帯電話市場の分析などがある．また，直接的なスイッチングコストの推計ではないが，Brynjolfsson and Smith (2000) は電子商取引市場において，事業者に対する消費者の信頼が価格偏差をもたらしていることを示している．

このように，スイッチングコストに関しては理論研究の他，情報通信分野における実証分析も多く存在するが，サイトに登録するパーソナルデータや購入履歴および閲覧履歴をスイッチングコストとして推計した研究は少ない．

4.3 分析の概要とアンケート調査

4.3.1. アンケート調査の実施

分析の手法としては，Web アンケートを用いたコンジョイント分析をおこなうこととした[1]．Web アンケートは，2013年1月29日から31日にかけて実施された予備調査を経て，2013年3月14日から19日にかけて本調

---

1) 分析にあたっては，Jitsuzumi (2012) のフレームワークを参考にした．

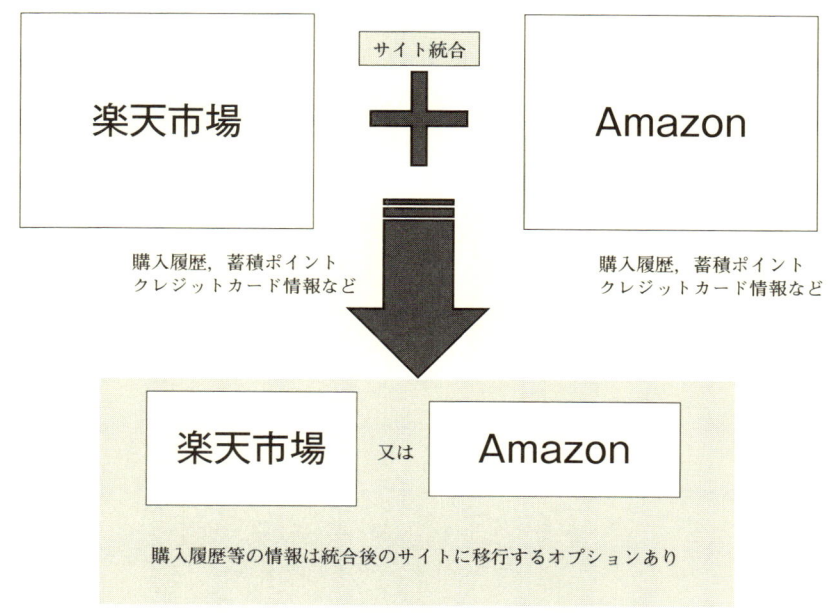

第 4 章　スイッチングコストからみた経済価値

図 4.3　シナリオのイメージ（筆者作成）

査を実施し，650 サンプルを収集した．予備調査は，プロファイル作成のための具体的な属性や水準を決定するために実施された．

4.3.2.　シナリオ

アンケートでは，パーソナルデータがどの程度のスイッチングコストとなっているかをあきらかにするために，現存する日本の主要なインターネットショッピングサイトである楽天市場と Amazon を取り上げ，この 2 サイトが統合されるシナリオを想定させることとした．

シナリオのイメージは図 4.3 のとおりである．本分析では，具体的に登録したパーソナルデータ，購入履歴，閲覧履歴に関するスイッチングコストをあきらかにすることを試みる．スイッチングコストをみるためには，イ

ンターネットショッピングサイトの利用者に，利用しているサイトを切り替える（スイッチする）ことを想定してもらうという方法が考えられる．そこで，楽天市場とAmazonが統合されるというシナリオを設定した．このシナリオによって，楽天市場かAmazonを利用している利用者は，統合サイトに切り替える（スイッチする）必要が出てくるため，スイッチングコストが生じることとなる[2]．なお，実際には楽天市場とAmazonでは購入できる商品の内容が異なり，どちらか一方でしか購入できない商品も存在することから，シナリオでは，統合後のサイトでは今まで両サイトで取り扱われてきた商品を同様の価格で購入できるという設定にし，「欲しい商品が取り扱われず購入できないだろう」という理由で回答を拒否するような事態にならないようにした．

　さらに，登録したパーソナルデータ，購入履歴，閲覧履歴の3点についてスイッチングコストを個別にみるため，シナリオにおいては，統合前のサイトに登録していたパーソナルデータの統合後の取扱い，また，購入履歴と閲覧履歴の統合後のサイトへの移行に関して，複数のオプションを用意することとした．

　なお，インターネットショッピングサイトのスイッチングコストには，パーソナルデータに関するものだけではなく，ブランドへの愛着や利用への慣れといった伝統的なスイッチングコストも当然含まれる．そこで，統合されるサイトが楽天市場とAmazonのどちらかのブランドとして存続するというシナリオを設定し，ブランド固有のスイッチングコストも合わせてみられるようにした．

　図4.4はオプションに関するイメージを表したものである．ここでは，統合されたサイトは楽天市場として存続するシナリオが示されている．このシナリオでは，これまで楽天市場を利用してきた利用者はブランドや利用方法に関するスイッチングコストが発生しない．一方で，Amazonを利用

---

[2] このようなシナリオを設定したため，楽天市場もAmazonも利用していない者は分析対象から除外することとした（詳細は後述）．

第4章　スイッチングコストからみた経済価値　　　　　　　　　　103

統合すると，
・Amazon.co.jpに登録したパーソナルデータはAmazon.co.jpでも引き続き取り扱う
・Amazon.co.jpでの購入履歴は完全に消去され，見られなくなる
・Amazon.co.jpでの閲覧履歴は完全に消去され，見られなくなる

ただし，有料の特別オプションとして「統合以前のサービス利用」を選択可能

図 4.4　オプションに関するイメージ例（筆者作成）

してきた利用者は，ブランドを切り替えるスイッチングコストが発生することとなる[3]．

さらに，閉鎖されてしまうサイトへ登録していた氏名などのパーソナルデータについては，閉鎖されるサイトの別の事業（楽天市場やAmazonの消費者向けインターネットショッピングサイト事業以外の事業）で引き続き使われてしまうのか，それとも，閉鎖されるサイトからは完全に消去されるのか，というオプションが用意される．購入履歴および閲覧履歴については，閉鎖されるサイトでの履歴が存続するサイトに引き継がれるのか，それとも，完全に消去され，存続するサイトではそれまでの履歴情報を利用できないのか，というオプションが用意される．

このようなオプションの設定によって，ブランドに加え，インターネットショッピングサイトへ登録したパーソナルデータ，購入履歴，閲覧履歴

---

[3]　楽天市場とAmazonのどちらか一方のみを利用してきた利用者にとっては，スイッチングコストは「発生する」か「発生しない」かのどちらかであるが，両サイトを一定の割合で（状況に応じて）利用してきた利用者にとっては，「一定の」スイッチングコストが発生することとなる．

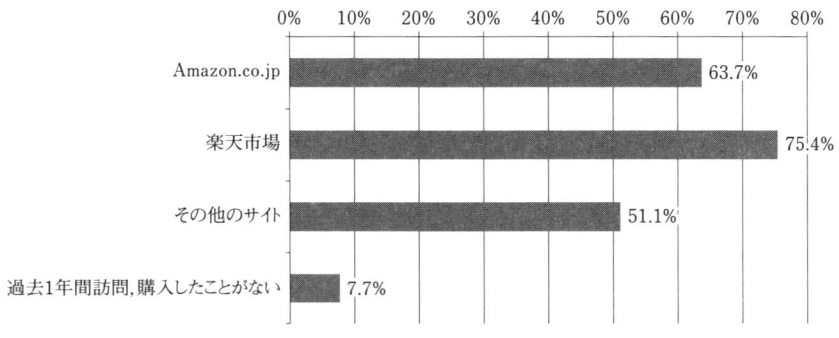

```
                    0%   10%  20%  30%  40%  50%  60%  70%  80%
    Amazon.co.jp  ████████████████████████████████ 63.7%
    楽天市場       ██████████████████████████████████████ 75.4%
    その他のサイト  ██████████████████████████ 51.1%
過去1年間訪問,購入したことがない ██ 7.7%
```

図 4.5　利用経験（筆者作成）

（注）「あなたの過去1年間の，インターネットショッピングサイトの利用についてお聞きします．―サイトの訪問（閲覧）＋商品の購入―」という質問に対する回答．

のそれぞれのスイッチングコストをみることができるようにした．

また，分析にあたってはスイッチングコストを金銭的に評価できるように，シナリオにおいて「サイトが統合されることに対する迷惑料」を用意し，オプションの内容によって複数の迷惑料が提示されることを設定した．

4.3.3. アンケート調査の結果

コンジョイント分析の前に，コンジョイント分析のシナリオに関連してサンプルの特性を把握するためにおこなった，本調査における単純設問の結果についてみておきたい．

図 4.5 はインターネットショッピングサイトの利用経験を示したものである．この設問は購入までおこなった経験を聞いたものであるが，Amazonで6割以上，楽天市場で7割以上の購入経験があり，他のサイトも含め購入経験がない人の割合は1割を下回っている．ほとんどの人がインターネットショッピングサイトを利用していることがわかる[4]．

---

[4] Webアンケートの結果であることから，厳密には「インターネットの利用者のほとんどがインターネットショッピングサイトを利用している」ということである．

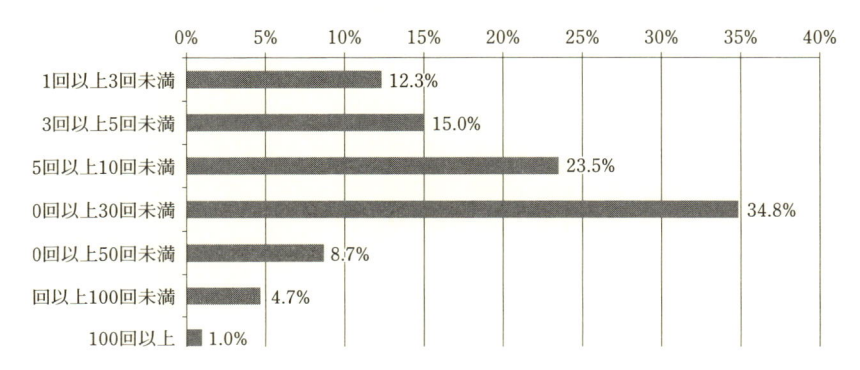

第4章 スイッチングコストからみた経済価値　　　105

```
0%      5%    10%    15%    20%    25%    30%    35%    40%
1回以上3回未満       ████████ 12.3%
3回以上5回未満       ██████████ 15.0%
5回以上10回未満     ███████████████ 23.5%
10回以上30回未満   ███████████████████████ 34.8%
30回以上50回未満   █████ 8.7%
50回以上100回未満  ███ 4.7%
100回以上          █ 1.0%
```

図4.6　利用回数（筆者作成）

（注）「あなたは，何回程度インターネットショッピングサイトで買い物をしましたか．すべてのサイトでの過去1年間の合計回数を，つぎの中から選んでください．」という質問に対する回答．

　図4.6は，インターネットショッピングサイトの利用回数を示したものである．1年間の利用回数が3回に満たない利用者も1割以上存在するが，5回から30回あたりの利用回数を答えている利用者が多く，おおよそ2ヶ月に1回から1ヶ月に2回程度の範囲で利用されていることがうかがえる．50回以上という利用者も一部存在し，利用回数のバラつきもみられる．

　図4.7は，インターネットショッピングサイトの利用金額を示したものである．年間購入金額は1万円以上5万円未満が最頻値となっており，5万円以上10万円未満も2割以上存在する．1万円未満は1割を下回っており，利用回数の状況も鑑みれば，インターネットショッピングサイトでの購入は数千円以上の単位のものであることがうかがえる．

　図4.8は，インターネットショッピングサイトの利用におけるトラブルの経験を示したものである．トラブルの経験は，スイッチングコストにも関わる．なぜなら，伝統的なスイッチングコストの要因であるブランドへの愛着のなかには，利用の際の安心感なども含まれると考えられるからである[5]．図4.8をみると，トラブルにあったことはないとする利用者が7割

| | 0% | 5% | 10% | 15% | 20% | 25% | 30% | 35% |

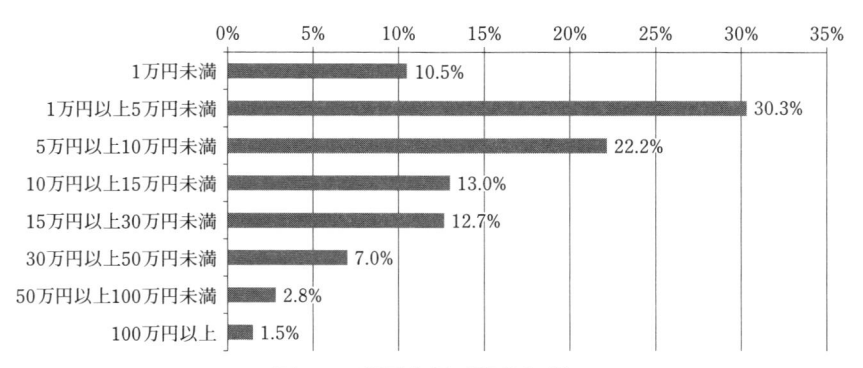

- 1万円未満: 10.5%
- 1万円以上5万円未満: 30.3%
- 5万円以上10万円未満: 22.2%
- 10万円以上15万円未満: 13.0%
- 15万円以上30万円未満: 12.7%
- 30万円以上50万円未満: 7.0%
- 50万円以上100万円未満: 2.8%
- 100万円以上: 1.5%

図 4.7　利用金額（筆者作成）

（注）「あなたは，総額でいくら程度インターネットショッピングサイトで買い物をしましたか．すべてのサイトでの過去1年間の合計金額をつぎの中から選んでください．」という質問に対する回答．

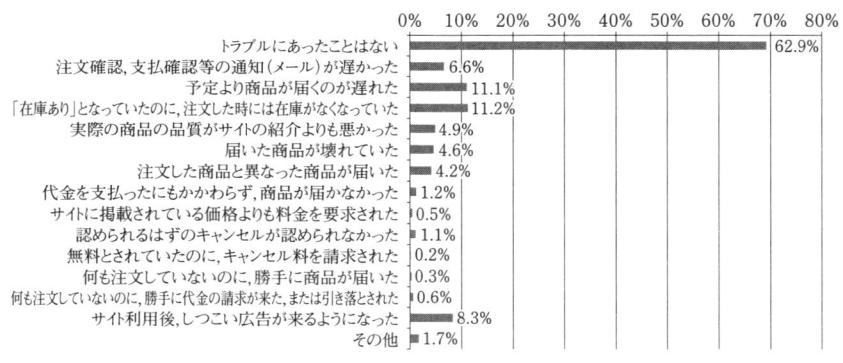

- トラブルにあったことはない: 62.9%
- 注文確認，支払確認等の通知（メール）が遅かった: 6.6%
- 予定より商品が届くのが遅れた: 11.1%
- 「在庫あり」となっていたのに，注文した時には在庫がなくなっていた: 11.2%
- 実際の商品の品質がサイトの紹介よりも悪かった: 4.9%
- 届いた商品が壊れていた: 4.6%
- 注文した商品と異なった商品が届いた: 4.2%
- 代金を支払ったにもかかわらず，商品が届かなかった: 1.2%
- サイトに掲載されている価格よりも料金を要求された: 0.5%
- 認められるはずのキャンセルが認められなかった: 1.1%
- 無料とされていたのに，キャンセル料を請求された: 0.2%
- 何も注文していないのに，勝手に商品が届いた: 0.3%
- 何も注文していないのに，勝手に代金の請求が来た，または引き落とされた: 0.6%
- サイト利用後，しつこい広告が来るようになった: 8.3%
- その他: 1.7%

図 4.8　トラブルの経験（筆者作成）

（注）「あなたはこれまで，インターネットショッピングサイトでの買い物で，「掲載されていた商品と届いた商品が違った」「代金を支払ったが商品が届かなかった」などのトラブルにあった経験がありますか．つぎの中からあてはまるものをすべて選んでください．」という質問に対する回答．

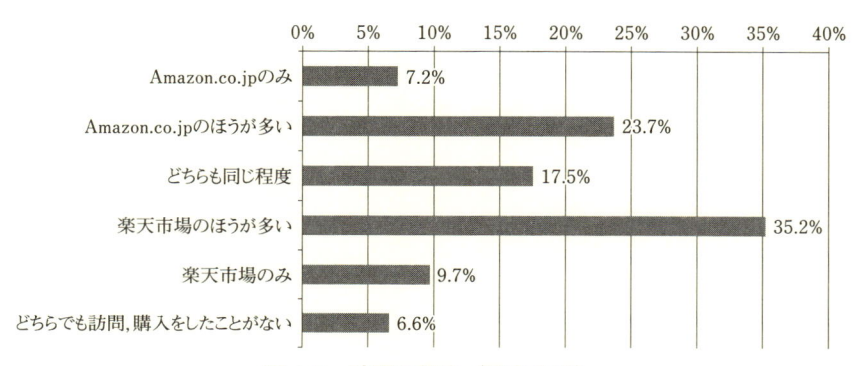

第4章 スイッチングコストからみた経済価値

	割合
Amazon.co.jpのみ	7.2%
Amazon.co.jpのほうが多い	23.7%
どちらも同じ程度	17.5%
楽天市場のほうが多い	35.2%
楽天市場のみ	9.7%
どちらでも訪問,購入をしたことがない	6.6%

図 4.9　訪問の頻度（筆者作成）

（注）「あなたは「Amazon.co.jp（アマゾン）」と「楽天市場」ではどちらのほうをよく利用しますか．訪問（閲覧）の点から，それぞれ一つチェックしてください．」という質問に対する回答．

近くとなっており，現在のインターネットショッピングサイトの利用においてトラブルが頻繁に起きるわけではないことがうかがえる．ただし，商品到着の遅れや，予定外の在庫切れ，また，広告に関する不満が一部存在することもうかがえる[6]．

　図4.9および図4.10は，Amazonと楽天市場について，訪問と購入の頻度を比較したものである．訪問も購入も楽天市場の方が多いとする利用者の割合が大きい．さらに，訪問と購入を比べると，「楽天市場（Amazon）

---

5)　逆に，トラブルが多い（安心感が無い）場合は，そのブランドへの愛着が無くなることにつながるので，スイッチングコストは低くなる（ブランドをスイッチしたいと考える）だろう．

6)　このなかで，「サイト利用後，しつこい広告が来るようになった」というトラブルは，事業者がパーソナルデータを利用して利用者に送る広告も多く含まれ，本書の分析の観点からも興味深い．パーソナルデータにいかなる経済価値があるのかという点が本書の課題であるが，そのパーソナルデータが利用者にとってマイナスの使われ方をしているのであれば，パーソナルデータの利用方法という点に焦点をあてた経済分析も必要であろう．

```
                                    0%   5%   10%  15%  20%  25%  30%  35%  40%
        Amazon.co.jpのみ                  9.2%
    Amazon.co.jpのほうが多い                              21.8%
         どちらも同じ程度                         11.4%
      楽天市場のほうが多い                                              34.6%
           楽天市場のみ                              14.2%
どちらでも訪問,購入をしたことがない                 8.8%
```

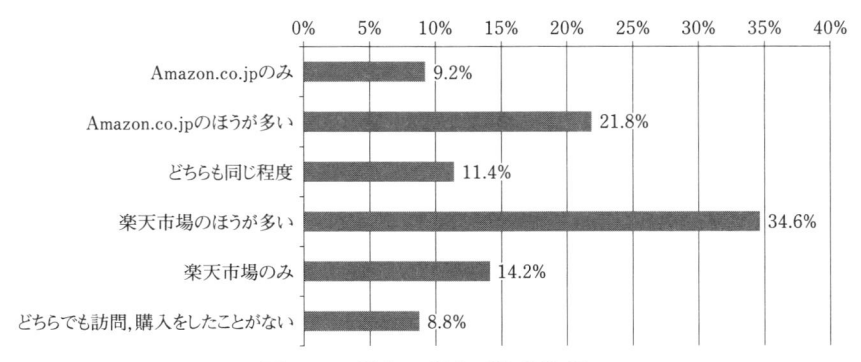

図 4.10 購入の頻度（筆者作成）

（注）「あなたは「Amazon.co.jp（アマゾン）」と「楽天市場」ではどちらのほうをよく利用しますか．購入頻度の点から，それぞれ一つチェックしてください．」という質問に対する回答．

のみ」という回答の割合は購入の方がどちらのサイトも大きく，「両方のサイトをチェックはするが，購入は一方と決めている」という利用者が存在することがうかがえる．

　図 4.11 および図 4.12 は，Amazon と楽天市場について，それぞれ登録しているパーソナルデータを示したものである．商品を購入する際に登録が必要となる氏名，住所，メールアドレス，電話番号などは，利用者の多くが登録していることがわかる．メールアドレスと電話番号については，携帯電話のメールと Web メール，携帯電話番号と固定電話番号など，所有する複数のなかから，自身の状況に合わせて一つを登録していると考えられる．一方で，パーソナルデータを登録していない利用者も一定の割合で存在しており，閲覧のみという利用もあることがうかがえる[7]．

---

[7]　以降のコンジョイント分析では，このパーソナルデータを登録していない利用者も分析対象として含めいている．パーソナルデータを登録していない以上，この利用者の「登録したパーソナルデータに関するスイッチングコスト」は論理的にはゼロになる．この点を鑑みれば，この利用者を分析対象から除外したほうが「潜在

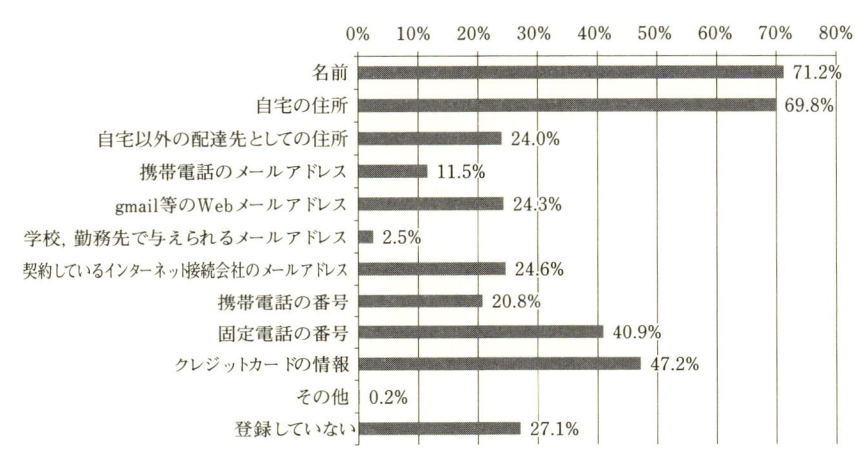

第4章　スイッチングコストからみた経済価値

図4.11のデータ：
- 名前: 71.2%
- 自宅の住所: 69.8%
- 自宅以外の配達先としての住所: 24.0%
- 携帯電話のメールアドレス: 11.5%
- gmail等のWebメールアドレス: 24.3%
- 学校、勤務先で与えられるメールアドレス: 2.5%
- 契約しているインターネット接続会社のメールアドレス: 24.6%
- 携帯電話の番号: 20.8%
- 固定電話の番号: 40.9%
- クレジットカードの情報: 47.2%
- その他: 0.2%
- 登録していない: 27.1%

図4.11　登録しているパーソナルデータ（Amazon）（筆者作成）

（注）「あなたは「Amazon.co.jp（アマゾン）」にどのような個人情報を登録していますか．登録している情報をすべてチェックしてください．」という質問に対する回答．

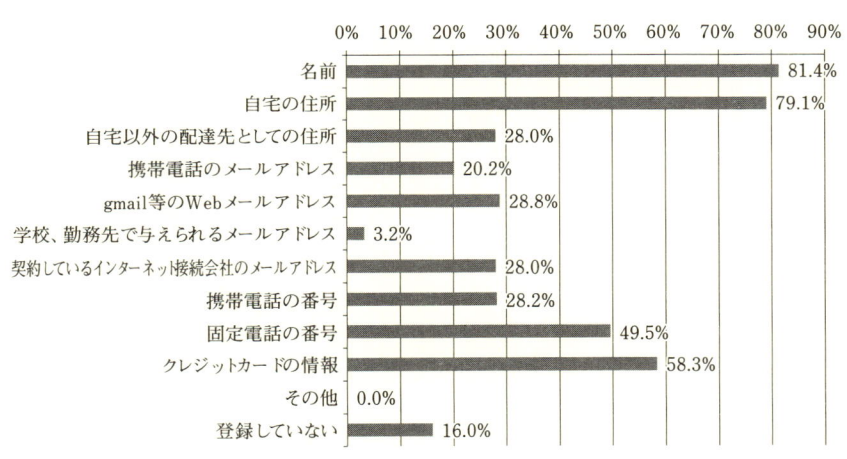

図4.12のデータ：
- 名前: 81.4%
- 自宅の住所: 79.1%
- 自宅以外の配達先としての住所: 28.0%
- 携帯電話のメールアドレス: 20.2%
- gmail等のWebメールアドレス: 28.8%
- 学校、勤務先で与えられるメールアドレス: 3.2%
- 契約しているインターネット接続会社のメールアドレス: 28.0%
- 携帯電話の番号: 28.2%
- 固定電話の番号: 49.5%
- クレジットカードの情報: 58.3%
- その他: 0.0%
- 登録していない: 16.0%

図4.12　登録しているパーソナルデータ（楽天市場）（筆者作成）

（注）「あなたは「楽天市場」にどのような個人情報を登録していますか．登録している情報をすべてチェックしてください．」という質問に対する回答．

4.3.4 コンジョイント分析の設計

前節のような特性を持ったサンプルを対象に，コンジョイント分析をおこなう．3.2 節で示したシナリオにもとづき，属性および水準としてつぎの 5 点を設定した．

- 統合された後，存続するサイト（ブランド）はどちらか[8]？
 「楽天市場」か「Amazon」のどちらかとして存続することとなる．
- 閉鎖されるサイトに登録していた「パーソナルデータの取扱い」はどうなるか？
 「閉鎖されるサイトの他の事業に引き続き利用されてしまう」か，「完全に消去され閉鎖するサイト事業者にはパーソナルデータは残らない」かのどちらかとなる[9]．
- 閉鎖されるサイトでの「購入履歴」はどうなるか？
 「存続サイトにこれまでの履歴が引き継がれる」か，「履歴は消去され見られなくなる」かのどちらかとなる．
- 閉鎖されるサイトでの「閲覧履歴」はどうなるか？
 「存続サイトにこれまでの履歴が引き継がれる」か，「履歴は消去され見られなくなる」かのどちらかとなる．
- このような状況となったときの「迷惑料」として，いくらの額が受け取れるか？
 「1,000 円」，「5,000 円」，「10,000 円」，「20,000 円」の 4 種類となる[10]．

的にスイッチングコストを有している利用者の平均的なコスト水準」をみるうえでは妥当である．しかしながら，本分析では「（さまざまな理由で）スイッチングコストがゼロの利用者も含めたインターネットショッピングサイト利用者の平均的なコスト水準」をみる観点から分析対象に含めた．

[8] 「ブランド」には，愛着のほか，使用方法の慣れも含まれることとなる．
[9] パーソナルデータが「完全に消去される」と言われても，利用者はそれを信用しないかもしれない．質問ではシナリオが実現することを想定させているが，なお

第4章 スイッチングコストからみた経済価値

表 4.1　属性および水準（筆者作成）

属性	水準			
存続するサイト	楽天	Amazon		
閉鎖するサイトに登録していた「パーソナルデータの取扱い」	閉鎖サイトの他事業で引き続き利用されてしまう	完全に消去され閉鎖するサイトには残らない		
閉鎖するサイトでの「購入履歴」	存続サイトに引き継がれる	消去され見られなくなる		
閉鎖するサイトでの「閲覧履歴」	存続サイトに引き継がれる	消去され見られなくなる		
このような状況になった「迷惑料」	1,000 円	5,000 円	10,000 円	20,000 円

属性および水準の概要は表 4.1 のとおりである．

分析にあたっては，これらの属性および水準から直交計画法を用いて 16 プロファイルに絞り込んだ．分析の設計上，楽天市場と Amazon の両方を利用したことがないサンプルは，プロファイルが理解されないと考え，分析対象から除外した．さらに，不良回答を除くことを通じて，最終的に，回収された 650 サンプルのうち，360 サンプルが分析対象となった．各サンプルに 4 問のコンジョイント設問を割り当て，1440 個のデータを得た．質問は，表 4.2 のようにおこなった．

4.4　スイッチングコストの推計

4.4.1.　推計モデル

分析では，回答者 i が j の選択肢から k を選択する確率を示す確率変数をつぎのように特定化した．ここで，X は選ばれた選択肢におけるベクトル，g はパラメータ β の分布関数，θ はそのパラメータである．

残る懸念はコスト水準に反映されることとなる．例えば，「ほんとうはパーソナルデータが引き続き事業者に利用されることはいやだが，事業者が消去すると言ったところで信用できないので，この属性についてはどうでもいい」というロジックでスイッチングコストが低くなる方向へ影響する可能性がある．

10）　金額設定に関しては，予備調査での自由回答記述をもとに設定した．

表 4.2　質問票の例（筆者作成）

選択肢	これからも存続するサイト	閉鎖するサイトに登録していた「個人情報の取扱い」	閉鎖するサイトでの「購入履歴」	閉鎖するサイトでの「閲覧履歴」	受け取れる「迷惑料」
1	Amazon.co.jp	完全に消去され、閉鎖するサイトに個人情報は残らない	存続サイトにこれまでの履歴が引き継がれる	閉鎖するサイトでの履歴は完全に消去され、見られなくなる	1,000円もらえる
2	楽天市場	閉鎖サイトの他事業で引き続き利用されてしまう	閉鎖するサイトでの履歴は完全に消去され、見られなくなる	閉鎖するサイトでの履歴は完全に消去され、見られなくなる	20,000円もらえる
3	両サイトの統合に反対（これまでと同じように、引き続き両サイトを利用）				

$$P_{ik} = \int \frac{\exp(\beta_i' X)}{\sum_j \exp(\beta_j' X)} g(\beta \mid \theta) d\beta$$

　また，各属性に関する変数に基づくモデルと，各変数に年齢，購入頻度，購入単価をシフトパラメータとして導入したモデルの2種類の効用関数をつぎのように特定化し，ランダム・パラメータ・ロジットモデルによる推計をおこなった．推計結果をもとに算出された各属性に対する支払意思額を，各属性に関するスイッチングコストとした．

（シフトパラメータなし）

$$U_{ij} = (\beta_{Amazon,i} + \sigma_{Amazon,i} \upsilon_{Amazon}) \times D_{Amazon} + (\beta_{Rakuten,i} + \sigma_{Rakuten,i} \upsilon_{Rakuten})$$
$$\times D_{Rakuten} + (\beta_{inf,i} + \sigma_{inf,i} \upsilon_{inf}) + (\beta_{buy,i} + \sigma_{buy,i} \upsilon_{buy}) \times D_{buy} + \beta_{view,i}$$
$$\times D_{view} + \beta_{compensation,i} \times compensation + \varepsilon_{ij}$$

（シフトパラメータあり）

$$U_{ij} = (\alpha_{age}^{Amazon} \times age_i + \alpha_{freq}^{Amazon} \times freq_i + \alpha_{perchase}^{Amazon} \times perchase_i + \beta_{Amazon,i}$$
$$+ \sigma_{Amazon,i} \upsilon_{Amazon}) \times D_{Amazon} + (\alpha_{age}^{Rakuten} \times age_i + \alpha_{freq}^{Rakuten} \times freq_i$$
$$+ \alpha_{perchase}^{Rakuten} \times perchase_i + \beta_{Rakuten,i} + \sigma_{Rakuten,i} \upsilon_{Rakuten}) \times D_{Rakuten}$$
$$+ (\alpha_{age}^{inf} \times age_i + \alpha_{freq}^{inf} \times freq_i + \alpha_{perchase}^{inf} \times perchase_i + \beta_{inf,i} + \sigma_{inf,i} \upsilon_{inf})$$
$$\times D_{inf} + (\alpha_{age}^{buy} \times age_i + \alpha_{freq}^{buy} \times freq_i + \alpha_{perchase}^{buy} \times perchase_i + \beta_{buy,i}$$

$$+\sigma_{buy,i}\upsilon_{buy})\times D_{buy}+(\alpha_{age}^{view}\times age_i+\alpha_{freq}^{view}\times freq_i+\alpha_{perchase}^{view}\times perchase_i$$
$$+\beta_{view,i}+\sigma_{view,i}\upsilon_{view})\times D_{view}+\beta_{compensation,i}\times compensation+\varepsilon_{ij}$$

変数:
- Amazon＝Amazon が存続
- Rakuten ＝楽天市場が存続
- inf ＝パーソナルデータは消去される
- buy ＝購入履歴が引き継がれる
- view ＝閲覧履歴が引き継がれる
- compensation ＝迷惑料

なお，D はダミー変数，v は標準正規分布に従う誤差項，β および δ はパラメータを意味する

シフトパラメータ
- age ＝年齢
- freq ＝過去一年間の購入頻度
  （8 段階の順序変数）
- perchase ＝一回あたりの購入単価
  （8 段階の順序変数）

なお，D はダミー変数，β はパラメータを意味する

4.4.2. 推計結果

推計結果は，つぎのとおりである．

シフトパラメータなし（表 4.3）推計結果についてみると，閲覧履歴を除く，Amazon，楽天市場，登録されたパーソナルデータの消去，購入履歴の引継ぎ，迷惑料についてはすべてプラスで有意となった．さらに，迷惑料の係数をもとに求めた各変数に対する補償意思額（WTA）は表 4.5 のとおりである．表 4.5 を見ると，登録されたパーソナルデータの消去，購入履歴の引継ぎといったパーソナルデータに関する WTA は楽天市場，Amazon のブランド固有の WTA とほぼ同等となっている．このことから，

表 4.3 推計結果（シフトパラメータなし）（筆者作成）

変数	係数	標準誤差	p-value
Amazon	0.321	0.123	0.009
楽天市場	0.330	0.138	0.017
登録されたパーソナルデータの消去	0.326	0.092	<0.001
購入履歴	0.308	0.099	0.002
閲覧履歴	0.151	0.102	0.139
迷惑料	0.0000447	0.0000067	<0.001
サンプル数	1440		
対数尤度	−1529.699		

表 4.4 推計結果（シフトパラメータあり）（筆者作成）

変数	シフトパラメータ	係数	標準誤差	p-value
Amazon		-2.431	1.101	0.027
	年齢	0.016	0.008	0.048
	購入頻度	0.566	0.105	<0.001
	購入単価	0.060	0.112	0.589
標準偏差		0.163	0.489	0.738
楽天市場		-1.015	1.082	0.348
	年齢	0.018	0.008	0.027
	購入頻度	0.367	0.103	<0.001
	購入単価	-0.056	0.122	0.620
標準偏差		0.393	0.601	0.513
登録されたパーソナルデータの消去		0.272	0.949	0.774
	年齢	0.010	0.007	0.156
	購入頻度	-0.082	0.894	0.360
	購入単価	-0.027	0.097	0.779
標準偏差		0.014	0.342	0.968
購入履歴		1.416	0.987	0.151
	年齢	-0.020	0.007	0.006
	購入頻度	-0.013	0.093	0.888
	購入単価	-0.007	0.991	0.942
標準偏差		0.290	0.460	0.529
閲覧履歴		1.023	0.985	0.299
	年齢	0.005	0.007	0.500
	購入頻度	-0.053	0.094	0.575
	購入単価	-0.117	0.100	0.246
標準偏差		0.533	0.401	0.184
迷惑料		0.0000460	0.0000069	0.000
サンプル数		1048		
対数尤度		-1458.779		

登録したパーソナルデータや購入履歴は，従来スイッチングコストとされてきた要因と同等のコストとなっていることが推察される．

有意となっている変数のシフトパラメータについて見ると，登録されたパーソナルデータの消去を除く変数において，年齢がプラスに有意となっている．また，購入頻度が Amazon，楽天市場にプラスに有意となっている．年齢や購入頻度がブランド固有のスイッチングコストにプラスの影響を与えている点については，ブランドに触れる機会が多いほどそのブラン

表 4.5　補償意思額（筆者作成）

変数	WTA
Amazon	¥7,167
楽天市場	¥7,371
登録されたパーソナルデータの消去	¥7,282
購入履歴	¥6,881
閲覧履歴	-

ドへの愛着が増し，購入を重ねることでそのサービスの仕様に慣れるという，従来のスイッチングコストの議論を支持するものといえる．パーソナルデータのスイッチングコストに影響を与える要因については，推計では十分にあきらかにならなかった．

4.5　本章のまとめ

　本分析を通じて，利用するインターネットショッピングサイトを変更する場合，サイトに対する慣れやブランドといった従来のスイッチングコストのみならず，登録したパーソナルデータや蓄積された購入履歴がそれらと同等のスイッチングコストとなっていることがあきらかとなった．これは，インターネットショッピング市場の競争に関して大きな示唆を与える．サイトを運営する企業の経営戦略の観点から見れば，企業はサービス提供に際し多くのパーソナルデータを登録させ，また，購入履歴などのパーソナルデータの蓄積によるサービスを充実させることが有効であると考えられる．さらに，登録，蓄積されたパーソナルデータは，他の企業のサイトに移る際に利用できなくなるような仕組みを構築することが有効となる．自サイトのみで利用できるパーソナルデータの登録，蓄積により，利用者のサービスの変更を防ぎ，囲い込むことが可能となるからである．

　一方で，競争政策を検討する政府の観点からは，価格競争，サービス競争を妨げる要因となるスイッチングコストに関して，各企業のブランドやサービスの利用に必要な慣れに対するコストのみならず，サービスにいか

なるパーソナルデータが登録，蓄積されているかについて分析する必要がある．パーソナルデータが主要なスイッチングコストとなり，利用者がより高品質，低価格のサービスに変更しない可能性が生じるからである．

　パーソナルデータに関する政策について，近年，イギリスで進められている「midata」プロジェクトが注目される．「midata」プロジェクトは，イギリスの BIS（Department for Business, Innovation and Skills）が 2011 年に発 1 したプロジェクトであり，消費者が企業の保持している自身のパーソナルデータにアクセスし，そして利用できるようにするプロジェクトである．「midata」プロジェクトが実現すれば，利用者は，利用するインターネットショッピングサイトを変更した際に，以前利用したサイトに登録したパーソナルデータを，新しく利用するサイトに移行することができるようになると考えられる．本分析によってパーソナルデータがスイッチングコストとして存在することがあきらかとなったが，このプロジェクトはパーソナルデータに関わるスイッチングコストを消去し，より競争を促進させることとなるだろう．

第5章　ビッグデータ市場の成立可能性[1]
事業者の分析①

5.1　はじめに

　本章の目的は，将来的な事業者間のビッグデータとしてのパーソナルデータの取引，すなわち，ビッグデータ市場の成立可能性についてあきらかにすることである．本章では具体的にGPS位置情報を取り上げ，GPS位置情報からなるビッグデータについて，どの程度の市場規模のビッグデータ市場が出現する可能性があるかについて分析をおこなう．

　近年，世界的にビッグデータの活用に関心が集まっている．大量のデータを統計的に分析する技術が開発されるとともに，通信技術の発展により大量のデータを収集し，流通させることが可能になったことで，ビッグデータ活用の可能性が拡がったからである．

　世界において先進的なブロードバンド基盤を有する日本では，近年，急激にデータの流通量が増大している．図5.1は，日本におけるデータの流通量の推移を示したものである．2005年には424,306テラバイトであったデータの流通量は，2012年には2,217,195テラバイトまで増加している．これは7年間で5.2倍の増加ということになる．これらの大量のデータの塊がビッグデータとなる．今後，世の中に存在するビッグデータはますます増え，それらのビッグデータを活用することが資源の有効活用という点で重要になる．

---

1)　本章の執筆後，本章の内容を発展させ，大幅に加筆修正したものがKoguchi and Jitsuzumi (2015) としてまとめられているので，こちらも参照されたい．

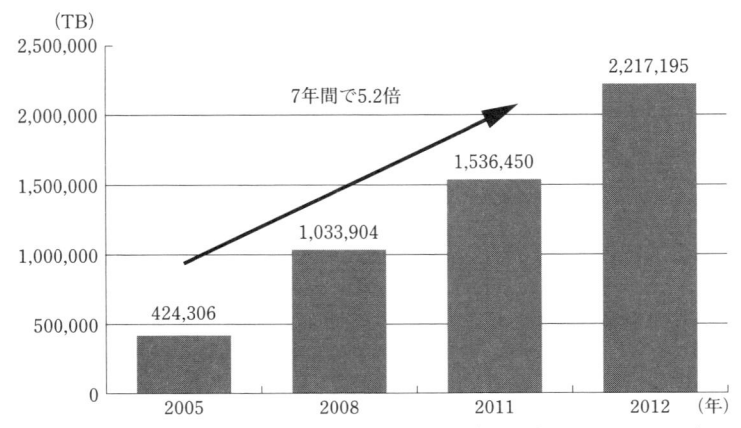

```
        (TB)
    2,500,000
                                                              2,217,195
                         7年間で5.2倍
    2,000,000
                                              1,536,450
    1,500,000
                              1,033,904
    1,000,000
                  424,306
      500,000

           0
                  2005        2008            2011            2012    (年)
```

図 5.1　日本におけるデータ流通量の推移（総務省 2013a, p. 159）

　ところで，ビッグデータとは正確には何を指しているのだろうか．近年，ビッグデータという言葉は頻繁に使われ，現在では IT 分野におけるバズワードのひとつとなっているものの，その定義ははっきりと定まってはいない．

　また，世の中のすべての企業が現在すでにビッグデータをマーケティングに活用しているというわけではなく，十分にビッグデータの本質を理解しているわけではないのが現状であろう．しかしながら，今，ビッグデータが企業のマネージャーにとって重大な関心事であることは間違いない．これは，情報通信産業に限った話ではなく，多くの産業で，自分たちのマーケティングにビッグデータがどのように活用できるのかということに関心が集まっているのである．

　さらに，ビッグデータに関心があるのは企業だけではない．政府もまた，ビッグデータに関心を持っている．ビッグデータが活用されれば，さまざまな産業で生産性が向上し，経済を成長させることができると期待されているからである．政府は，ビッグデータの活用のために政策的対応が必要かどうか，いっそう検討しなければならない状況となっているだろう．

第5章 ビッグデータ市場の成立可能性

では,現在,実際にビッグデータはどのように使われているのだろうか.この点に関して,少なくとも日本においては,多くのケースがビッグデータを「そのデータを収集した企業自身」が,「自社のマーケティングなどのためのみ」に活用しているというのが現状である.つまり,ビッグデータのユーザーはビッグデータを収集する企業のみであり,自身でビッグデータを収集できない企業は十分にビッグデータを活用できていないということである.

なぜ,ビッグデータを収集できない企業はビッグデータを活用できないのだろうか.その原因のひとつは,ビッグデータを取引するBtoB市場が発達していない点にあるだろう.現在の日本においても,ビッグデータを自身で収集できない企業が,他社からビッグデータを購入し,マーケティングに活用しているケースは一部で存在する.しかし,それは自身で収集できないもののビッグデータについて深く理解している企業が,運よく購入相手を見つけた場合の話であり,あらゆる企業が「BtoBビッグデータ市場」で自由に取引できるという状況からはほど遠い.

また,ビッグデータの企業間取引には法律面で扱いが難しい状況も存在する.日本では個人情報保護法が存在し,企業は自由に個人情報を扱うことが制限されている.したがって,個人情報を含むビッグデータ[2]の取引に関して,企業は注意を払わなければならない.さらに,法的な「個人情報」の定義にグレーゾーンが存在することが,事態をさらにややこしくさせている.JR東日本のケースについては第1章で示したとおりである.

つまり,現在,ビッグデータは大量に眠っているものの,それを取引するような市場が存在しないため,ビッグデータという資源が有効に活用されていないのである.政府は,これからの経済成長のために「BtoBビッグデータ市場」を早急に整備することを検討する必要があるのではないか.

BtoBビッグデータ市場が成立するために,いくつかの重要な点がある.

---

[2] 多くの場合,ビッグデータは個人に関する情報(すなわち,本書が定めるパーソナルデータ)から構成される.

そのひとつは，企業がビッグデータに対してどの程度の経済的価値があると認識しているのか，という点であろう．前述のとおり，現在，ビッグデータの取引は一部の企業間に限られている．したがって，多くの企業のビッグデータに対する認識はあきらかになっていない．このままでは，もし政府がB to Bビッグデータ市場を制度的に整備したとしても，ビッグデータの売り手は市場価格が分からず，いくらでビッグデータを売ることができるかがわからない．したがって，ビッグデータの生産のための最適な投資水準が分からない．

これからB to Bビッグデータ市場を整備するのであれば，同時に，今，ビッグデータにどの程度の価値があると企業が認識しているか，ビッグデータの価値を決定づける要素は何か，ということをあきらかにし，市場の導入を容易にすることが必要である．

これまでも，ビッグデータの経済価値などに関する分析はいくつかおこなわれてきた．BCG（2012），Cebr（2012），General Electric（2013），Manyika et al.（2011）などでは，ビッグデータによる生産性，イノベーションへ与える価値などが示されてきた．また，企業レベルではLaValle et al.（2011）やRussom（2011）などの分析がある．さらに，Chen et al.（2012）ではビジネスインテリジェンスの観点からのサーベイおよび分析がおこなわれている．

しかしながら，例えば，同じGPS位置情報であっても，そこにどのような属性の情報が付加されるとビッグデータとしてどの程度価値が高まるか，といった，ビッグデータの内容にまで詳細に踏み込んだ分析は少ない．本章では，この観点から，属性の有無によるビッグデータの価値の変動といった点も意識した分析をおこなう．

本章の構成は，つぎのとおりである．次節では，移動系通信市場においてビッグデータのもととなるデータの流通がどの程度成長しているかを整理する．第3節では，GPS位置情報のビッグデータについて，具体的なシナリオを想定したアンケート調査の概要と，主要な調査結果について示す．

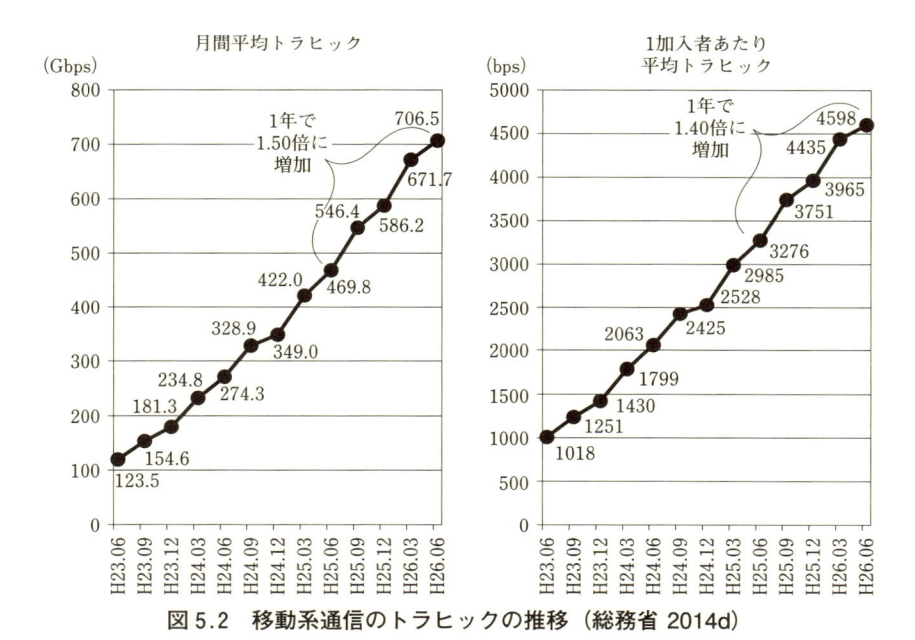

第5章 ビッグデータ市場の成立可能性　　　　121

図5.2　移動系通信のトラヒックの推移（総務省 2014d）

　第4節では，コンジョイント分析による推計をおこなう．第5節で本章をまとめる．

5.2　移動系通信市場におけるビッグデータの成長

　ビッグデータにはさまざまな種類が存在し，そのすべての価値をあきらかにすることはできない．そこで本章では，現在もっともビッグデータが生まれる場所のひとつである移動系通信市場に注目し，移動系通信市場で収集されるビッグデータの価値を推計する．
　携帯電話端末がスマートフォンとなってきている現在，すべての個人が毎日携帯電話を利用することで得られるデータ，すなわちビッグデータの材料は膨大になっている．図5.2は携帯電話などの移動系通信のトラヒッ

クを示したものである．月間平均トラヒックも，加入者当たりトラヒックも 1 年間で 1.5 倍近くの割合で増加しており，その傾向は近年続いている．

また，携帯電話の利用を通じて収集される GPS 位置情報は，ビッグデータの材料として注目されている．GPS 機能については，日本において 2007 年，緊急通報機能を充実させるために，携帯電話に GPS 機能を搭載することが義務づけられた．このことによって，現在ではあらゆる携帯電話から GPS 位置情報を取得することが可能となっている．

携帯電話のエリアカバー率も拡がっている．総務省は携帯電話の通話可能地域の整備を推進しており，2013 年 11 月末には，エリア人口が 99.97% となっている．つまり，現在ではあらゆる所で GPS 位置情報が取得できる状況となっている．

5.3 分析の概要とアンケート調査

5.3.1 アンケート調査の概要とシナリオ

移動系通信市場で生まれるビッグデータの中で，今もっとも活用が期待されているデータのひとつが GPS 位置情報である．携帯電話端末がスマートフォンになってから，携帯電話の GPS 機能を常にオンにして行動している利用者が多く見られるようになった．このため，各利用者の一日の移動履歴がリアルタイムで収集されている．これがビッグデータとなる．この GPS 位置情報の価値を推計する．

GPS 位置情報は，さまざまな産業で活用されうるが，分析にあたってはモバイルサービス産業を位置情報データの買い手として想定し，モバイルサービス産業に属する企業に対しアンケート調査を実施した．アンケート調査では，GPS 位置情報によるビッグデータについて特定のケース（シナリオ）を設定し，「自社ならどの程度そのシナリオのデータに支払ってもよいか」という支払い意思額（WTP）について，コンジョイント分析によってビッグデータの経済価値を推計した[3]．

第5章　ビッグデータ市場の成立可能性　　　　　　　　123

　推計に用いたアンケート調査は，一般財団法人日本情報経済社会推進協会（JIPDEC）によって，2013年11月28日から2014年1月14日にかけて，モバイルサービス産業の企業1,048社を対象に実施された．このうち，48社は，JIPDECの次世代パーソナルサービス推進コンソーシアム会員企業，gコンテンツ流通推進協議会会員企業50社のうち，重複を排除したものである．また，1,000社は，帝国データバンクのデータベースからキーワード[4]によって抽出された2,373社のうち，前述の48社を除き売上高の大きいものである．調査対象企業の業種分布は表5.1のとおりである．調査では，最終的に176社から回答を得た．回収率は16.8%である．
　アンケート調査で想定したGPS位置情報のビッグデータに関する具体的なシナリオはつぎのとおりである．

　　・シナリオ
　　　A社が「携帯電話の基地局で収集された利用者の位置情報データなどをパッケージとして企業向けに販売するサービスを開始する」と発表．
　　　パッケージは，全国版（100万人から取得したデータを収録），地方版（10万人から取得したデータを収録）の2種類が販売される．
　　　販売形態は，基本となる位置情報データに「性別情報」，「年代情報」，「位置情報の取得範囲（メッシュの大きさ）」が異なる組み合わせで，

---

[3] したがって，本分析で直接的に推計されるビッグデータの価値，また，市場規模は，後述のように「GPS位置情報によるビッグデータ」の「モバイルサービス産業」における価値，市場規模のみを表したものとなる．あらゆるビッグデータの全産業での市場規模については，さらに大きなものとなることに留意しなければならない．

[4] 抽出に用いたキーワードは，つぎのとおりである．「ソーシャルネットワーキング」，「ソーシャルゲーム」，「サイト」，「コンテンツ」，「ゲームアンドロイド」，「Android」，「App Store」，「app store」，「AppStore」，「appstore」，「アップルストア」，「アプリ」，「モバイル」，「携帯電話」，「携帯端末」，「ケータイ」，「スマートフォン」，「スマートホン」，「スマホ」，「スマフォ」，「アイフォン」，「iPhone」，「iphone」．

表 5.1 調査対象企業の業種分布
(一般財団法人日本情報経済社会推進協会 2014, p. 14)

TDB 業種大分類	TDB 業種中分類	TDB 抽出企業	JIPDEC 抽出件数	計
製造業	20：食料品・飼料・飲料製造業	1	0	1
	27：出版，印刷，同関連産業	96	2	98
	28：化学工業	4	0	4
	35：一般機械器具製造業	7	0	7
	36：電気機械器具製造業	10	7	17
	37：輸送用機械器具製造業	1	1	2
	38：精密機械，医療機械器具製造業	4	0	4
	39：その他の製造業	17	0	17
	小計	140	10	150
卸売・小売業，飲食店	40：卸売業（1）	22	1	23
	41：卸売業（2）	13	1	14
	43：各種商品小売業	10	0	10
	44：織物，衣服，身のまわり品小売業	1	0	1
	48：家具・じゅう器・家庭用機械器具小売業	8	0	8
	49：その他の小売業	8	0	8
	小計	62	2	64
金融・保険業	50：銀行，信託業	1	0	1
	54：証券業，商品先物取引業	2	0	2
	57：投資業	7	1	8
	小計	10	1	11
不動産業	59：不動産業	2	0	2
	小計	2	0	2
運輸・通信業	65：航空運輸業	0	3	3
	67：運輸に付帯するサービス業	4	0	4
	68：郵便業，電気通信業	14	2	16
	小計	18	5	23
サービス業	74：物品賃貸業	3	0	3
	78：その他の個人サービス業	2	0	2
	79：映画，ビデオ制作業	30	0	30
	80：娯楽業	6	0	6
	81：放送業	12	0	12
	85：広告，調査，情報サービス業	540	21	561
	86：その他の事業サービス業	147	4	151
	87：専門サービス業	18	3	21
	88：医療業	1	0	1
	89：保健衛生，廃棄物処理業	2	0	2
	91：教育	4	1	5
	92：社会保険，社会福祉	1	0	1
	94：政治，経済，文化団体	2	0	2
	小計	768	29	797
不明		0	1	1
	合計	1,000	48	1,048

一年分のデータがパッケージとして販売される．

販売価格は，パッケージに含まれる情報や位置情報の取得範囲（メッシュの大きさ）によって，それぞれ設定される．

・シナリオにおけるパッケージの概要

データの概要：全国100万人の携帯電話のGPS測位情報から取得される位置情報．個人を識別できないIDが付与されており，導線を把握することが可能．一年分のデータが蓄積．

取得データ端末：仮名化されたID，測位日時，経度・緯度・高度，測位精度．

データの取得頻度：5分間隔．

エリア：全国と地方（日本を9つの地域[5]に分類し，買い手が好きな地域を選べるというシナリオ）．位置情報を取得できる携帯電話の所有者数は，全国では100万人，地方では10万人とする．

位置情報の取得範囲：100メートル四方，500メートル四方，3キロメートル四方，5キロメートル四方の4種類．

位置情報データに追加できる情報：性別（男・女），年代（10代刻みの年齢区分）．

5.3.2 アンケート調査の結果

コンジョイント分析の前に，定性的な質問の回答状況によってアンケート回答企業のビッグデータ利用に関する現状，意識についてみておきたい．

図5.3は，回答企業が現在データを用いた分析をどういった事業に活用しているかを示したものである．モバイルサービス産業においては，現在では商品自体の開発など（商品開発・研究開発）や，広告，マーケティングにデータ分析を利用していることがわかる．

---

5) 北海道・東北・関東・中部・近畿・中国・四国・九州・沖縄の9区分．

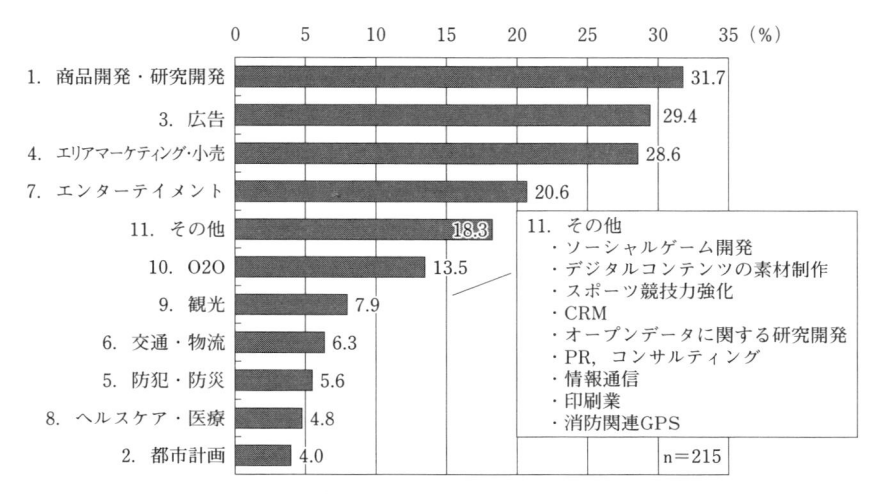

図5.3 データ分析を現在活用している事業
（一般財団法人日本情報経済社会推進協会 2014, p. 33）

事業	%
1. 商品開発・研究開発	31.7
3. 広告	29.4
4. エリアマーケティング・小売	28.6
7. エンターテイメント	20.6
11. その他	18.3
10. O2O	13.5
9. 観光	7.9
6. 交通・物流	6.3
5. 防犯・防災	5.6
8. ヘルスケア・医療	4.8
2. 都市計画	4.0

11. その他
・ソーシャルゲーム開発
・デジタルコンテンツの素材制作
・スポーツ競技力強化
・CRM
・オープンデータに関する研究開発
・PR，コンサルティング
・情報通信
・印刷業
・消防関連GPS

n＝215

（注）「貴社の事業についてお聞かせください．貴社では，現在，データを用いた分析によって，どのような事業を行っていますか．」という質問に対する回答．回答は複数回答．

図5.4は，現在利用しているデータの属性を示したものである．現在では年齢，性別が多くの場合に利用されており，居住地，購買記録，職業なども一定の割合で利用されていることがわかる．年齢や性別は広告やマーケティングを中心に幅広い事業で活用が可能であり，現在の中心的な活用データとなっていることがうかがえる．

図5.5は，将来活用が想定されるデータ，また，そのなかで，とくにどのようなデータが重要と考えるかについて示したものである．性別，購買記録，居住地，年齢といった現在も利用されているデータに加え，将来は趣味・嗜好のデータの活用が想定されていることがうかがえる．また，将来的には，性別や居住地といった基本的な属性よりも，購買記録や趣味・嗜好といったデータのほうが重要になると考えられている傾向にあり，今

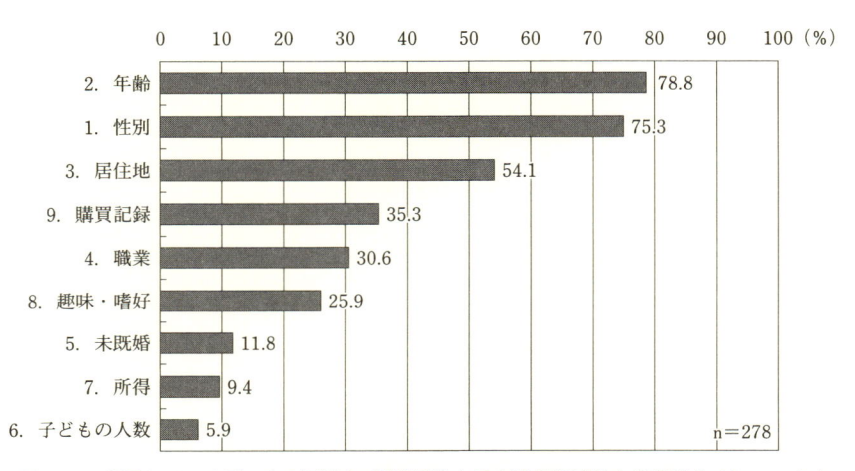

第5章　ビッグデータ市場の成立可能性　　　127

```
  0   10   20   30   40   50   60   70   80   90  100 (%)
2. 年齢                                        78.8
1. 性別                                      75.3
3. 居住地                      54.1
9. 購買記録          35.3
4. 職業            30.6
8. 趣味・嗜好      25.9
5. 未既婚    11.8
7. 所得      9.4
6. 子どもの人数  5.9                                       n=278
```

図 5.4　利用しているデータの属性（一般財団法人日本情報経済社会推進協会 2014, p. 34）
（注）「貴社ではサービスの提供を行う際，どのような属性を利用していますか．」という質問に対する回答．回答は複数回答．

後，パーソナルデータが詳細なマーケティング分析などに活用される可能性があることが示唆される．

図 5.6 は，コンジョイント分析のシナリオに合わせ，今回設定したシナリオにもとづくビッグデータであればどういった事業に活用できるかについて示したものである．エリアマーケティングや広告など，利用者の位置が重要となる事業にGPS位置情報のビッグデータが直接的に活用されうることがうかがえる．そのほかにも，商品開発・研究開発やO2O（Online to Offline）といった事業にも活用される可能性があることが示唆される．

5.3.3　コンジョイント分析の設計

コンジョイント分析にあたっては，3.1節で示したシナリオにもとづき，属性および水準としてつぎの4点を設定した．

・オプションとして性別情報がパッケージに含まれるか．

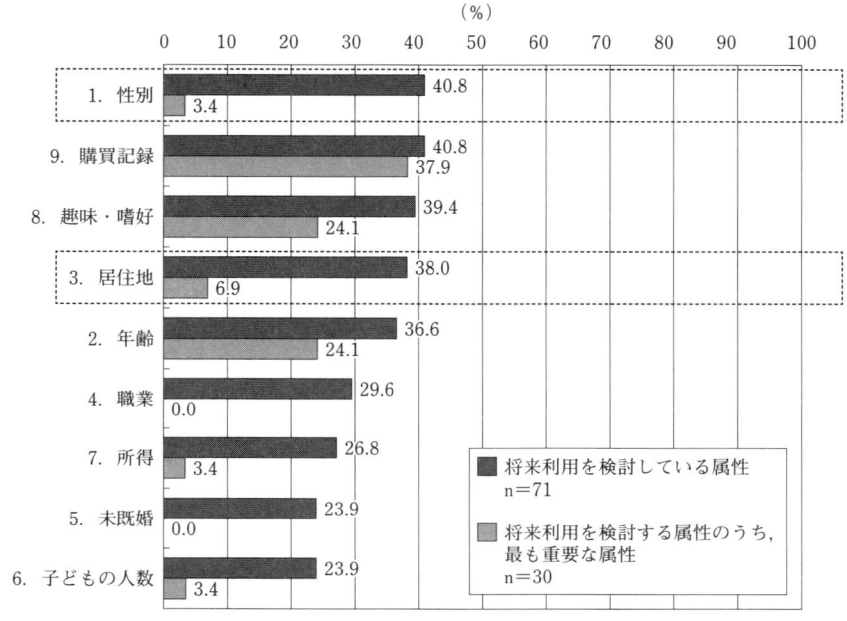

図 5.5 将来利用が想定されるデータの属性
（一般財団法人日本情報経済社会推進協会 2014, p. 35）

属性	将来利用を検討している属性 n=71	将来利用を検討する属性のうち，最も重要な属性 n=30
1. 性別	40.8	3.4
9. 購買記録	40.8	37.9
8. 趣味・嗜好	39.4	24.1
3. 居住地	38.0	6.9
2. 年齢	36.6	24.1
4. 職業	29.6	0.0
7. 所得	26.8	3.4
5. 未既婚	23.9	0.0
6. 子どもの人数	23.9	3.4

（注）「現在，利用されていない属性のなかで，将来（3年程度を目安）の利用を検討されているものについて〇をつけてお答えください．」という質問に対する回答．回答は複数回答．

「あり」か「なし」かのどちらか．
・オプションとして年代情報がパッケージに含まれるか．
「あり」か「なし」かのどちらか．
・収集される GPS 位置情報のメッシュの大きさはどの程度か．
$100m^2$, $500m^2$, $3km^2$, $5km^2$ の4段階．
・データのパッケージ価格はいくらか．
全国版では「100万円」，「200万円」，「400万円」，「800万円」，地方版では「20万円」，「40万円」，「100万円」，「200万円」のそれぞれ

第5章　ビッグデータ市場の成立可能性

分野	利用可能性のある分野 (%)	最も利用可能性のある分野 (%)
4. エリアマーケティング・小売	39.5	21.2
3. 広告	34.7	9.1
1. 商品開発・研究開発	27.4	13.6
10. O2O	25.0	18.2
5. 防犯・防災	15.3	7.6
7. エンターテイメント	12.9	15.2
6. 交通・物流	12.1	3.0
8. ヘルスケア・医療	11.3	6.1
9. 観光	10.5	7.6
2. 都市計画	8.1	1.5
11. その他	10.5	0.0

利用可能性のある分野 n=257
最も利用可能性のある分野 n=66

11. その他
・マーケティングコンサル
・M2M

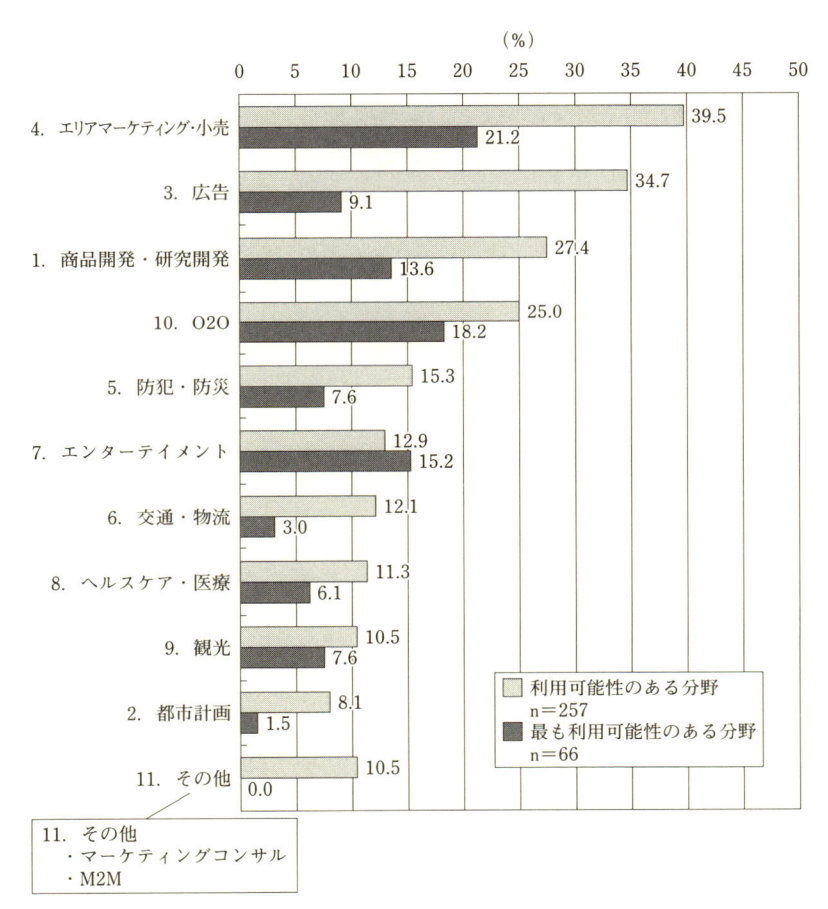

図 5.6　シナリオにもとづくビッグデータの活用事業
(一般財団法人日本情報経済社会推進協会 2014, p. 31)

(注)「上記, A社が販売するパッケージについて, 貴社が利用する可能性のある分野について, 該当するものすべてに○をつけてお答えください. さらに, その中で, 最も重要だと思われる分野については◎をつけてお答えください.」という質問に対する回答. 回答は複数回答.

表5.2 属性および水準（筆者作成）

属性	水準			
性別情報	あり	なし		
年代情報	あり	なし		
メッシュの大きさ	$100m^2$	$500m^2$	$3\,km^2$	$5\,km^2$
価格　　　全国	100万円	200万円	400万円	800万円
地方	20万円	40万円	100万円	200万円

表5.3 回答の状況（筆者作成）

	全国	地方
回収数	176	
未回答	11	12
矛盾回答	41	36
抵抗回答	104	93
有効回答	21	36

（注）矛盾回答と抵抗回答に重複があるため，各回答の合計が回収数とは一致しない．

4種類[6]．

　属性および水準の概要は表5.2のとおりである．分析にあたっては，これらの属性および水準から直交計画法を用いて16プロファイルに絞り込んだ．

　アンケート調査では，最終的に176社からの回答があったが，未回答，矛盾回答，抵抗回答がそれぞれ存在し，最終的には，全国版では21社，地方版では36社の回答を用いることとした．回答の状況は表5.3のとおりである．

　各社に4問のコンジョイント設問を割り当てていたことから，全国版で

---

[6] 金額設定に関しては，JIPDECによる事業者ヒアリングで得られたデータ単価に関する相場をもとに設定した．

表 5.4　質問票の例（JIPDEC 実施のアンケート票）

	商品 1	商品 2	商品 3	
性別情報	あり	なし	なし	どれも購入しない
年代情報	あり	なし	なし	
メッシュの大きさ	3 km 四方	5 km 四方	3 km 四方	
販売価格	200万円	200万円	100万円	
	(　　)	(　　)	(　　)	(　　)

は84個，地方版では141個のデータを得た[7]．質問は，表5.4のようにおこなった．

5.4　位置情報データの価値

5.4.1　推計モデル

分析では，回答企業iがjの選択肢からkを選択する確率を示す確率変数をつぎのように特定化した．ここで，Xは選ばれた選択肢におけるベクトル，gはパラメータβの分布関数，θはそのパラメータである．

$$P_{ik} = \int \frac{\exp(\beta_i' X)}{\sum_j \exp(\beta_i' X)} g(\beta \mid \theta) d\beta$$

また，各属性に関する変数に基づくモデルの効用関数をつぎのように特定化し，全国，地方それぞれについてランダム・パラメータ・ロジットモデルによる推計をおこなった．

---

[7]　アンケート調査では，矛盾回答，抵抗回答が想定よりも多く，結果として有効回答が少なくなった．このことから，コンジョイント分析に用いるサンプル数としては少ないサンプル数となった．大規模サンプルでの分析などは，今後の課題である．

$$U_{ij} = (\beta_{Sex,i} + \sigma_{Sex,i}\upsilon_{Sex}) \times D_{Sex} + (\beta_{Age,i} + \sigma_{Age,i}\upsilon_{Age}) \times D_{Age}$$
$$(\beta_{mesh,i} + \sigma_{mesh,i}\upsilon_{mesh}) \times mesh + \beta_{Price,i} \times price + \varepsilon_{ij}$$

変数：
・Sex ＝性別情報あり
・Age ＝年代情報あり
・mesh ＝メッシュの大きさ
・price ＝価格

なお，Dはダミー変数，βおよびδはパラメータ，νは標準正規分布に従う誤差項を意味する

5.4.2 推計結果

推計結果は，つぎのとおりである．

全国版のパッケージに関する結果については，メッシュの大きさ以外の変数について有意な結果となっており，符号条件も満たしている[8]．一方で，地方版のパッケージに関する結果については，性別情報に関する符号条件や価格の有意性などに問題が残る結果となった[9]．

全国版のパッケージに関する結果について，価格の係数をもとに求めた各変数に対する支払意思額（WTP）は表5.7のとおりである[10]．表5.7を見ると，性別情報，年代情報に関して，100万件のデータに情報が付加されることに対して150万円前後の追加的支払意思があることが認められる．

---

[8] メッシュの大きさについては，メッシュが小さい方が位置情報を詳細に把握できることから，マイナスの係数となることが期待される．したがって，メッシュの大きさの係数については，有意ではないものの，符号条件は満たしていることになる．

[9] これは，そもそものサンプル数の少なさに加え，地方のデータに関する関心や理解のかい離が存在したことなどによるものと考えられる．なお，地方については，回答企業の本社所在地などを考慮した追加的分析をおこなったが，妥当な結果は得られなかった．これらを踏まえ，本章の以降の検討は全国版のパッケージに関するもののみとしている．

[10] メッシュの大きさについては，有意でない結果となったことから算出していない．

表5.5 推計結果（全国）（筆者作成）

変数	係数	標準誤差	p-value
性別情報の有無	0.970	0.519	0.061
年代情報の有無	1.175	0.673	0.081
メッシュの大きさ（km^2）	-0.079	0.083	0.342
価格（万円）	-0.00710	0.001	<0.001
サンプル数	84		
対数尤度	-73.082		

表5.6 推計結果（地方）（筆者作成）

変数	係数	標準誤差	p-value
性別情報の有無	-119.730	45.049	0.008
年代情報の有無	21.249	5.096	<0.001
メッシュの大きさ（km^2）	-0.976	0.348	0.005
価格（万円）	-0.00394	0.014	0.784
サンプル数	141		
対数尤度	-118.261		

表5.7 支払意思額（筆者作成）

変数	WTP
性別情報の有無	¥1,366,338
年代情報の有無	¥1,654,507
メッシュの大きさ（km^2）	-

5.4.3 市場規模の試算[11]

　支払意思額をもとに，今回の分析で想定したビッグデータの市場規模に関して，調査対象としたモバイルサービス産業に限定した市場規模について参考として試算したい．

　はじめに，今回の分析で想定した全国版の100万件のGPS位置情報ビッグデータの価格を試算する．推計結果をもとに求めた支払意思額はデータに追加的に付与される属性に対する支払意思額であり，そもそものデータ

---

[11] 本試算は，分析結果のほかアンケート調査の回答状況や他のヒアリング結果を活用した試算であり，前項までの分析の水準と比較すると，必ずしも厳密なものとはいえない．あくまでも参考として市場規模を把握するものである．

の価格はあきらかになっていない．一般財団法人日本情報経済社会推進協会（2012）では，位置情報のデータに対する単価が1円から5円という相場となっていることが事業者へのヒアリング調査から示されている（一般財団法人日本情報経済社会推進協会 2012, p. 83）．そこで，本試算では，データ単価を3円と想定する．したがって，全国版の100万件のGPS位置情報ビッグデータの価格はつぎのように試算される．

・性別・年代なし：1,000,000 件 × 3 円 = 300 万円
・性別のみあり：1,000,000 件 × 3 円 + 1,366,338 円 ≒ 437 万円
・年代のみあり：1,000,000 件 × 3 円 + 1,654,507 円 ≒ 465 万円
・性別・年代あり：1,000,000 件 × 3 円 + 1,366,338 円 + 1,654,507 円 ≒ 602 万円

つぎに，今回のアンケート調査から，「そもそもこういったビッグデータを購入する意向がある（購入してビッグデータを活用したいと考えている）企業[12]」の割合を考える．今回のアンケート調査において回収された176社のうち，有効回答21社をそのような企業，未回答11社および抵抗回答104社を「購入する意向がそもそもない企業」と仮定し

有効回答数 21 社 ／（回収数 176 社 − 矛盾回答 41 社）＝ 15.6%

を，モバイルサービス産業における，今回の分析で想定したビッグデータの購入意向割合と想定する．本分析ではモバイルサービス産業として帝国データバンクのデータベースより2,373を母集団として捉えていることから，これをモバイルサービス産業における当該ビッグデータの市場参加者と仮定すると，特定の100万件のGPS位置情報ビッグデータの取引規模は，つぎのとおりとなる．

---

[12] もちろん，実際に購入するか否かは価格に影響される．ここでの意味は，価格によっては購入する（ビッグデータの使い道はある），という意味である．

第5章 ビッグデータ市場の成立可能性

- 性別・年代なし：2,373 社 × 15.6% × 300 万 ≒ 11 億 1,000 万円
- 性別のみあり：2,373 社 × 15.6% × 437 万 ≒ 16 億 2,000 万円
- 年代のみあり：2,373 社 × 15.6% × 465 万 ≒ 17 億 2,000 万円
- 性別・年代あり：2,373 社 × 15.6% × 602 万 ≒ 22 億 3,000 万円

ただし，これは特定の 100 万件のデータの取引規模である．今回の分析では，携帯電話から取集された GPS 位置情報をシナリオとして想定している．携帯電話の GPS 機能に関して，先述したように，日本では 2007 年，緊急通報機能を充実させるために，携帯電話に GPS 機能を搭載することが義務づけられた．また，携帯電話のエリアカバー率も拡がっている．総務省は携帯電話の通話可能地域の整備を推進しており，2012 年度末には，エリア外人口が 0.05% となっている．つまり，現在ではあらゆる所で GPS 位置情報が取得できる状況となっている．これらを踏まえると，潜在的には，現在の携帯電話の契約数約 1 億 5,000 万のほぼすべてが GPS 位置情報の収集対象であることがわかる．

仮に，これらの携帯電話から GPS 位置情報が収集されたとすると，ある一時点で 100 件規模の GPS 位置情報ビッグデータを約 150 セット生成することができ，これが市場で取引された場合の市場規模はつぎのとおりとなる．

- 性別・年代なし：11 億 1,000 万円 × 150=1,665 億円
- 性別のみあり：16 億 2,000 万円 × 150=2,430 億円
- 年代のみあり：17 億 2,000 万円 × 150=2,580 億円
- 性別・年代あり：22 億 3,000 万円 × 150=3,345 億円

これはあくまでも複数の仮定にもとづくひとつの試算であり，参考程度にしかならない．しかしながら，100 万件レベルの特定のビッグデータに関する特定の産業での市場規模でさえ，数千億円規模になることがうかが

えよう．携帯電話に関しては，現在 GPS 機能は搭載されているのであり，携帯電話事業者は，本来的には莫大な追加的投資の必要なく収集可能と考えられる．むしろ，収集に関する制約は法制度的側面にあると考えられ，今後の B to B ビッグデータ市場の成立に関しては，もちろん個人のプライバシーなどを勘案しつつ，制度的対応を再検討する必要があるかもしれない．

5.5 本章のまとめ

本章では，GPS 位置情報のビッグデータとしての価値を推計し，GPS 位置情報ビッグデータの B to B ビッグデータについての市場規模を試算した．本章の分析は，これまであきらかにならなかった，ビッグデータの買い手の基準価格を提示する試みであり，厳密な基準価格が示されたとは必ずしもいえないが[13]，一例，また，おおよその相場は提示できたのではないだろうか．本分析の結果が，ビッグデータの B to B 取引がいっそう進展する契機となることが期待される．

また，本分析では GPS 位置情報ビッグデータの価値について，性別情報，年代情報が増大させる価値についても推計した．本分析は，企業の個人情報の取扱いに関するオプトイン，オプトアウトの意思決定にも一定の貢献があるのではないか．

今後は，この潜在的な市場を顕在化させることが急務となる．そのために，まずは B to B ビッグデータ取引市場の潜在的参加者に対し，ビッグデータの活用可能性を分かりやすく提示していくことが必要だろう．本章の分析では，想定以上の割合の企業がビッグデータの活用可能性を理解できていなかったことがあきらかとなった．これを放置しておくことは，市場における買い手側の「情報の不完全性」が解消しないということを意味し，市場メカニズムの導入によっても望ましい帰結が得られない可能性が残る

---

[13] 最終的には，当然，市場で価格は決定されよう．

第5章 ビッグデータ市場の成立可能性　　　　　　　　137

こととなる．パーソナルデータに関わる研究は，多くがプライバシー懸念や法制度に関する研究であり，本章でおこなったような経済的視点からの分析はいまだ少ない．ビッグデータ全体の経済価値についてあきらかにするためには，本章のような分析を経時的，多面的に積み重ねる必要がある．しかしながら，それらの知見がひろく提供されることによって，市場における情報の不完全性が解消していくのではないか[14]．

　また，ビッグデータを構成する主役となる，パーソナルデータに関する取扱いルールの精緻化が必要であろう．例えば，現在の日本において，今回取り上げたGPS位置情報が個人情報保護法上の個人情報に該当するか否かは，状況によると考えられる．また，特定の状況を想定しても，その判断は必ずしも明確でなく，議論の余地が残る．現在，ヨーロッパを中心として「忘れられる権利」への関心が高まっている．個人のプライバシーを守るためのこのような権利の確保を前提として，利用できるデータについては，企業も安心して活用できるような統一的なルールを議論すべきだろう．

---

[14] したがって，そのような情報提供の役割を果たす政策展開を検討する必要があるだろう．

第6章　電力サービスにおける活用可能性
事業者の分析②

6.1　はじめに

　本章の目的は，ホームエネルギーマネジメントシステム（HEMS）から収集されるデータ（HEMSデータ）の価値を推計することにある．
　HEMSは，電気機器をネットワーク上で管理する住宅向けのエネルギー管理システムである．近年市場に投入されたばかりであり，今後の普及が期待されている．HEMSのねらいは，エネルギーの管理を通じて効率的な電力消費を達成することにある．さらに，同時に，HEMSを通じて家庭内の状況に関するデータをリアルタイムで収集することができ，これらのデータは，さまざまな事業者のマーケティングにおおいに活用できると考えられる．
　しかしながら，現在はHEMS自体が普及の途上にあるシステムであり，HEMSデータのエネルギー管理以外への活用もいまだ実現しているとはいえない．もちろん，HEMSデータが事業者のマーケティングなどに活用されるためには，HEMSが普及することのみならず，HEMSデータの提供がその時の法制度で認められること，HEMSデータの利活用について消費者側の理解・同意が得られるものであることなども必要である．一方で，HEMSデータは，GPS位置情報など，既存のシステムから得られるパーソナルデータとは異なる内容のパーソナルデータ[1]であり，このデータが事業者にどのように評価されるかについてはあきらかでない部分が大きい．
　一方で，HEMSデータの売り手（HEMSを展開する事業者）にとっても，

買い手（HEMSデータを潜在的に活用できる事業者）にとっても，実際にどのような内容のデータが収集され，その価値をどのように評価できるのかを把握することはきわめて重要と考えられる．エネルギー管理システムに加えデータ収集システムとしてどの程度有効であるかによって，HEMSを展開する事業者の展開方針が変わってくる可能性があるからである．そこで，本章では，HEMSデータの価値を試行的に把握することを試みる．

　本章の構成は，つぎのとおりである．次節では，HEMSの概要について示す．第3節では，HEMSデータの価値を把握するために実施した，具体的なシナリオを想定したアンケート調査の概要と，主要な調査結果について示す．第4節では，コンジョイント分析による推計をおこなう．第5節で本章をまとめる．

6.2　HEMSとは[2]

　HEMSは，家庭で電気を「創る」，「蓄える」，「賢く上手に使う」ために電気機器をネットワーク上で管理し，リアルタイムで利用状況を把握・コントロールするエネルギー管理システムである．経済産業省では，平成26年度および平成27年度に大規模HEMS情報基盤整備事業を実施する予定であり，今後急速に全国の世帯へ導入されることが期待されている．

　HEMSでは，ディスプレイなどを通じて，リアルタイムで電力の消費状況などを確認できたり，電気機器の操作をおこなえたりできるが，加えて，天気予報など，さまざまな情報を同じディスプレイ上で入手できたりする場合もある（図6.1）．

1）　後にみるように，HEMSデータは「世帯」のデータであるため，本書でいう「パーソナル」データに厳密に該当するかは議論の余地があるが，ここではパーソナルデータに含めるという前提で述べている．

2）　本節のHEMSの概要は，株式会社KDDI研究所が実施した調査研究のなかで示されたものをもとに，加筆修正をおこなっている．

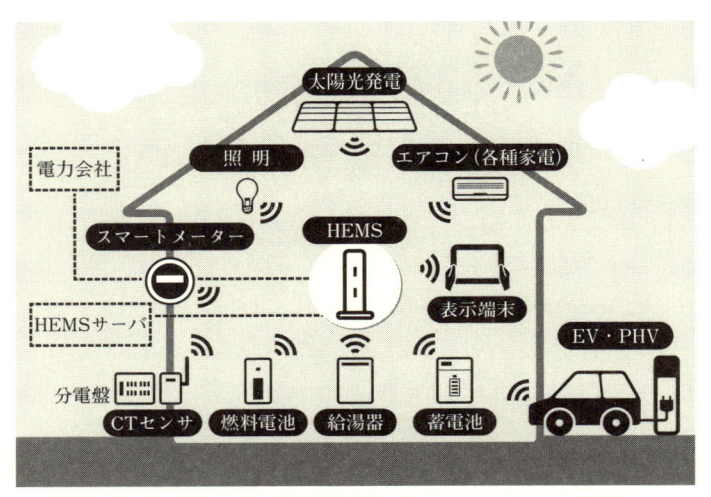

第6章 電力サービスにおける活用可能性

図6.1　HEMSのイメージ（iエネコンソーシアム資料）

　HEMSが運用されると，電力の消費状況などがリアルタイムにデータとして収集されることから，運用する事業者は家庭に関する生活状況や行動様式を分析，把握することができる．このHEMSデータは，スマートフォンなど他の機器，システムからは必ずしも把握できないデータであり，同時に，消費者向けのサービスを展開する事業者にとってはマーケティングなどにきわめて有効な情報であると考えられる．

　もちろん，HEMSの本来的な目的は各家庭のエネルギーの管理にある．しかしながら，同時にHEMSデータがマーケティングなどで価値があるとすれば，それらのデータが取引され，活用されることはHEMSの新たな有効性を示すこととなる．

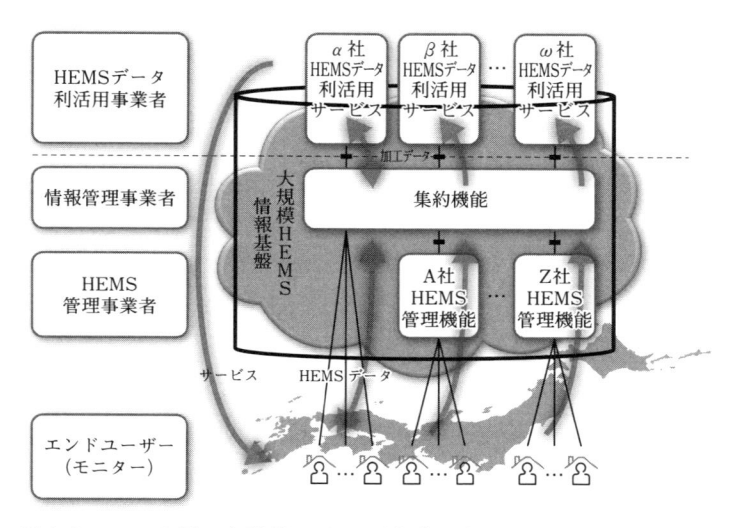

図 6.2 HEMS データ提供のイメージ（i エネコンソーシアム資料）

6.3 分析の概要とアンケート調査

6.3.1 分析の概要

本分析は，HEMS データが事業者のマーケティングなどにいかに有効であり，その結果として事業者が HEMS データに対しどの程度の価値を認めるかについてあきらかにするためにおこなったものである．

具体的には，各家庭に設置されている HEMS から収集され，蓄積・分析されるデータを念頭に置き，事業者がマーケティング活動や商品開発をおこなう場合に，特定のサービスが提供されたときの経済価値を推計する（図 6.2）．

6.3.2 シナリオとアンケート調査の概要

本分析では，HEMS データとして，大きくつぎの 2 種類のデータを提供

第 6 章　電力サービスにおける活用可能性

するサービスを想定した.

- リアルタイムデータ提供サービス：HEMSのディスプレイから自動的に収集，蓄積されるデータを解析し，当該家庭における生活状況や行動などについての推計データを，ほぼリアルタイムにデータ活用事業者に提供するサービス.
- スタティックデータ提供サービス：HEMSのディスプレイから自動的に収集，蓄積されるデータを解析し，当該家庭における一定期間の生活状況や行動などについての推計データを，一定期間経過後にデータ活用事業者に提供するサービス.

そして，それぞれのサービスで提供されるデータについて，具体的につぎのような共通したシナリオを設定した．

- 対象世帯：
  各事業者の事業地域内について100世帯に1世帯の割合のデータが集計される（全国規模で事業をおこなっている場合は全国規模のレベルで，ある一定地域で事業を行っている場合はその地域でのレベルで100世帯に1世帯の割合でデータが集計される）.
  対象世帯を特定できる情報は除去されている．個別の世帯にリーチ（データ活用事業者が設定する特定の条件に合致する家庭にあるHEMSのディスプレイに，データ活用事業者が指定するタイミングでメッセージを表示）する際は，データ収集分析事業者を経由しておこなうものとする.
- 対象世帯の家庭の状況：「全員が寝ている」，「誰かが起きている」，「全員が家で活動している」，「誰かが外出している」，「全員が外出している」などの状態が推計される.
- 対象世帯の属性：

基本属性として，世帯人数，子供有無，専業主婦，高齢者有無などがデータから推計される．
　・生活パターンとして，早起き型（朝寝坊型），自炊型（外食型），夜更かし型（早寝型），アウトドア型（自宅行動型）などが推計されるほか，結婚前後，出産前後などライフステージやイベント発生などの情報が推計される．

　さらに，アンケート調査時には，事業者により利用イメージを理解してもらうため，つぎのような利用例を提示した．
　このようなシナリオにもとづく HEMS データの経済価値をコンジョイント分析によって推計するため，アンケート調査をおこなった．アンケート調査は，事業者を対象とした Web アンケートを実施した．2014 年 3 月 6 日から 7 日にかけて実施された予備調査において，パーソナルデータをマーケティングなどに活用しており，HEMS データにも関心を持つ企業を抽出した．その後，2014 年 3 月 17 日から 19 日にかけて本調査を実施し，207 社からの回答を得た．

6.3.3　コンジョイント分析の設計

　HEMS データを分析すれば，前述のシナリオのような内容のデータが実際に提供されうる．しかしながら，対象世帯の状況はあくまでも HEMS データの分析結果として推計されるものであり，現実にはその精確性は一定ではない．また，HEMS の特徴として，リアルタイム性[3]があるが，これも現実にはいくらかの遅延が生じる可能性がある．
　そこで，はじめに，それぞれのデータ提供サービスで提供される，ベー

---

[3]　これまでよく見られた，一定の蓄積されたパーソナルデータの取引と異なり，HEMS データでは，収集したデータに基づく世帯の状況などをリアルタイムで事業者に提供することが想定される．さらに，リアルタイムで受け取ったデータを基に，即座に狙った世帯の HEMS ディスプレイへ広告などを出すことも可能である．

第6章　電力サービスにおける活用可能性

表 6.1　HEMS データ利用イメージ（KDDI 研究所資料を一部加筆修正）

	業態	想定される利用シーン
リアルタイムデータ	広告 小売 流通	【対象地域のリアルタイムな家庭内活動状況に応じたダイナミックなプロモーション】 今の時間帯は名古屋地区は雨のせいか，主婦の在宅率が60%なので，名古屋地区のTVやラジオの生CMは主婦向けにしよう。 【特定の状況にある対象家庭のHEMSディスプレイ向けの広告配信】 土曜日19：00に，家族全員が食事中である家庭のHEMSディスプレイに家族旅行のCMを出そう。
スタティックデータ	広告 小売 流通	【国民の生活パターンに応じた商品／サービス開発】 この地域の60代の朝型家族は休日でも5：00には起きるので，週末の6：00からの早朝セミナーはシニア向けにしよう。 【対象家庭のライフイベントに合わせ対象家族のHEMSディスプレイ向けの広告配信】 対象世帯の推計データから新生児の生まれた家庭のHEMSディスプレイに育児商品等のCMを出そう
	金融 保険	【国民の生活パターンに応じた商品／サービス開発】 この属性を有する家族は健康に留意し，生活パターンも規則的なので，そういった家族向けの生命保険や火災保険は××××をお勧めしよう。

スとなるサービス水準，価格をつぎのように設定し，このサービスを現在活用しており，さらに今後も活用し続けることを回答事業者に想定させた[4]．

・リアルタイムデータ提供サービス
「各家庭おける世帯属性の推計精度が60%[5]」であり，「60分前に収集，分析されたデータが提供される程度のリアルタイム性」であり，「事業者から各世帯のHEMSディスプレイへの広告などはおこなえな

---

[4] 本調査の対象事業者は，予備調査でパーソナルデータおよびHEMSデータに関心があるとした事業者であることから，このような想定は一定程度理解されていると考えられる．ただし，現実には利用していないHEMSデータを厳密にどこまで理解したかについては不明な点もあり，この点は本分析の限界である．

[5] 世帯の状態や属性の精度が60%とは，例えば，「全員が寝ている」と判断した世帯のうち，実際に全員が寝ている世帯が平均的にみて60%であることを示している．つまり，残りの40%は実際には誰かが起きている場合があることを意味する．ただし，どの世帯の情報が正しくて，どの世帯の情報が誤っているのかは事前にも事後にもわからないことを想定させている．

い」,「月額 20 万円[6]」のサービス.

- スタティックデータ提供サービス
「各家庭おける世帯属性の推計精度が 60%」であり,「60 分間隔で蓄積,分析されたデータ」であり,「過去 1ヶ月分の蓄積」がある,「月額 20 万円」のサービス.

つぎに,精度などの要素がデータの価値に与える影響をみるため,属性および水準をつぎのように設定した.

- リアルタイムデータ提供サービス
各家庭おける世帯属性の推計精度:「60%」,「80%」,「90%」,「100%」の 4 段階.
提供されるデータのリアルタイム性（どの程度前のデータが提供されるか）:「1 分前」,「5 分前」,「15 分前」,「60 分前」の 4 段階.
事業者が設定する条件に合致する世帯にある HEMS ディスプレイに,事業者が指定するタイミングで広告などのメッセージを表示させる機能の有無:「あり」か「なし」かのどちらか.
ベースとなるサービスからのアップグレード料金:「なし（ベースと同価格）」,「月額 5 万円増加」,「月額 10 万円増加」,「月額 20 万円増加」の 4 種類.

- スタティックデータ提供サービス
各家庭おける世帯属性の推計精度:「60%」,「80%」,「90%」,「100%」の 4 段階.
集計されるデータの時間間隔:「1 分間隔」,「5 分間隔」,「15 分間隔」,

---

[6] ベースとなるサービスの価格水準は,予備調査での価格に関する質問の結果から設定された.

第6章 電力サービスにおける活用可能性

表6.2 属性および水準（筆者作成）

【リアルタイムデータ提供サービス】

属性	水準			
推計精度	60%	80%	90%	100%
リアルタイム性	1分前	5分前	15分前	60分前
メッセージ表示機能	あり	なし		
アップグレード料	なし	月額5万円増加	月額10万円増加	月額20万円増加

【スタティックデータ提供サービス】

属性	水準			
推計精度	60%	80%	90%	100%
時間間隔	1分間隔	5分間隔	15分間隔	60分間隔
データ集計期間	1ヶ月間	1年間		
アップグレード料	なし	月額5万円増加	月額10万円増加	月額20万円増加

「60分間隔」の4段階．

集計され分析されるデータ期間：「1ヶ月」か「1年間」かのどちらか．

ベースとなるサービスからのアップグレード料金：なし（ベースと同価格）」，「月額5万円増加」，「月額10万円増加」，「月額20万円増加」の4種類．

属性および水準の概要は表6.2のとおりである．分析にあたっては，これらの属性および水準から直交計画法を用いて16プロファイルに絞り込んだ．

アンケート調査では207社からの回答があったが，矛盾回答がリアルタイムデータ提供サービスおよびスタティックデータ提供サービスそれぞれに存在し，リアルタイムデータ提供サービスでは149社，スタティックデータ提供サービスでは172社の回答を用いることとした．回答の状況は図表6.3のとおりである．

リアルタイムデータ提供サービス，スタティックデータ提供サービスともに各社に5問ずつコンジョイント質問を割り当て[7]，設問ごとに抵抗回答

---

[7] 実際の調査では5問の後に6問目として1問目の選択肢の順序を変えた設問を用意し，矛盾回答のチェックをおこなった．

表 6.3　回答の状況（筆者作成））

	リアルタイム	スタティック
回収数	207	
矛盾回答	58	35
有効回答	149	172

表 6.4　質問のイメージ（筆者作成）

	選択肢 1	選択肢 2	選択肢 3	
推計精度	60%	90%	80%	今の条件の データを 使い続ける
リアルタイム性	15 分前	15 分前	1 分前	
メッセージ表示機能	あり	あり	あり	
アップグレード料	月額 5 万円増加	月額 10 万円増加	月額 20 万円増加	
	(　　)	(　　)	(　　)	(　　)

か否かをチェックし[8]．最終的に総サンプル数としてリアルタイムデータ提供サービスでは 510 個，スタティックデータ提供サービスでは 556 個のデータを得た．質問は，表 6.4 のようにおこなった．

6.4　HEMS データの価値

6.4.1　推計モデル

　分析では，回答企業 i が j の選択肢から k を選択する確率を示す確率変数をつぎのように特定化した．ここで，X は選ばれた選択肢におけるベクトル，g はパラメータ β の分布関数，θ はそのパラメータである．

$$P_{ik} = \int \frac{\exp(\beta_i' X)}{\sum_j \exp(\beta_i' X)} g(\beta \mid \theta) d\beta$$

　また，各属性に関する変数に基づくモデルの効用関数をつぎのように特定化し，リアルタイムデータ提供サービスおよびスタティックデータ提供サービスそれぞれについて，ランダム・パラメータ・ロジットモデルによる推計をおこなった．

---

[8]　選択肢の 4 つ目として用意した「今のサービスを使い続ける」を選択したときに，その理由を問い，抵抗回答か否かをチェックした．

(リアルタイムデータ提供サービス)

$$U_{ij} = (\beta_{precision,i} + \sigma_{precision,i} \upsilon_{precision}) \times precision + (\beta_{delay,i} + \sigma_{delay,i} \upsilon_{delay})$$
$$\times delay + (\beta_{message,i} + \sigma_{message,i} \upsilon_{message}) \times D_{message} + \beta_{price,i} \times price + \varepsilon_{ij}$$

変数:
・precision ＝推計精度
・delay ＝リアルタイム性
・message ＝メッセージ表示機能
・price ＝アップグレード料

なお，Dはダミー変数，βおよびδはパラメータ，vは標準正規分布に従う誤差項を意味する

(スタティックデータ提供サービス)

$$U_{ij} = (\beta_{precision,i} + \sigma_{precision,i} \upsilon_{precision}) \times precision + (\beta_{interval,i} + \sigma_{interval,i} \upsilon_{interval})$$
$$\times interval + (\beta_{period,i} + \sigma_{period,i} \upsilon_{period}) \times D_{period} + \beta_{price,i} \times price + \varepsilon_{ij}$$

変数:
・precision ＝推計精度
・interval ＝時間間隔
・period ＝データ集計期間
・price ＝アップグレード料

なお，Dはダミー変数，βおよびδはパラメータ，vは標準正規分布に従う誤差項を意味する

6.4.2 推計結果

　推計結果は，つぎのとおりである．

　リアルタイムデータ提供サービスに関する結果については，リアルタイム性を除く変数についてはすべて有意な結果となっており，符号条件も満たしている．また，スタティックデータ提供サービスに関する結果については，時間間隔を除く変数についてはすべて有意な結果となっており，符号条件も満たしている．

　それぞれのパッケージに関する結果について，アップグレード料の係数

表6.5 推計結果（リアルタイムデータ提供サービス）（筆者作成）

変数	係数	標準誤差	p-value
推計精度（%）	0.024	0.006	<0.001
リアルタイム性（分）	-0.004	0.003	0.234
メッセージ表示機能	0.833	0.189	<0.001
アップグレード料（万円）	-0.167	0.016	<0.001
サンプル数	510		
対数尤度	-575.674		

表6.6 推計結果（スタティックデータ提供サービス）（筆者作成）

変数	係数	標準誤差	p-value
推計精度（%）	0.037	0.007	<0.001
時間間隔（分）	0.001	0.003	0.655
データ集計期間	0.033	0.016	0.036
アップグレード料（万円）	-0.198	0.024	<0.001
サンプル数	556		
対数尤度	-602.478		

をもとに求めた各変数に対する支払意思額（WTP）は表6.7および表6.8のとおりである．リアルタイムデータ提供サービスに関しては，精度が1%上昇することに対する支払意思額が1,500円程度，また，メッセージ表示機能が付加されることに対する支払意思額が50,000円程度であることが認められる．また，スタティックデータ提供サービスに関しては，精度が1%上昇することに対する支払意思額が1,900円程度，また，データ集計期間が1ヶ月伸びることに対する支払意思額が1,600円程度であることが認められる．

さらに，今回の分析シナリオをベースとした，サービスの構成例を示したい．今回，ベースとなるサービスとして，リアルタイムデータ提供サービスでは

「各家庭おける世帯属性の推計精度が60%」であり，「60分前に収集，分析されたデータが提供される程度のリアルタイム性」であり，「事業者から各世帯のHEMSディスプレイへの広告などはおこなえない」，

第6章 電力サービスにおける活用可能性

表6.7 支払意思額（リアルタイムデータ提供サービス）（筆者作成）

変数	WTP（円, 月額）
推計精度（％）	¥1,458
リアルタイム性（分）	-
メッセージ表示機能	¥49,819

表6.8 支払意思額（スタティックデータ提供サービス）（筆者作成）

変数	WTP（円, 月額）
推計精度（％）	¥1,855
時間間隔（分）	-
データ集計期間	¥1,646

「月額20万円」のサービス．

というものを設定したが，分析結果からは，これが

「各家庭おける世帯属性の推計精度が90%」であり，「60分前に収集，分析されたデータが提供される程度のリアルタイム性」であり，「事業者から各世帯のHEMSディスプレイへの広告などが可能となる」サービス．

というサービスに品質が向上することに対し「月額9万5,000円の追加」が受け入れられるということになる．

また，スタティックデータ提供サービスでは，

「各家庭おける世帯属性の推計精度が60%」であり，「60分間隔で蓄積，分析されたデータ」であり，「過去1ヶ月分の蓄積」がある，「月額20万円」のサービス．

という設定だったが，分析結果からは，これが

「各家庭おける世帯属性の推計精度が90%」であり，「60分間隔で蓄積，分析されたデータ」であり，「過去1年分の蓄積」があるサービス．

というサービスに品質が向上することに対し「月額6万5,000円の追加」が受け入れられるということになる．

6.5　本章のまとめ

　本章は，HEMSから収集されるデータの価値について推計をおこなった．HEMSの本来的な目的はエネルギーの管理にある．しかしながら，本章の分析結果からは，HEMSの運用を通じて収集されるデータが事業者のマーケティングなどに一定の価値があることがあきらかになった．さらに，HEMSデータを他事業者に販売することを想定すると，その精度や機能，また，データの蓄積次第で月額30万円近くの販売価格となることがわかった．

　当然，データの販売にあたってはプライバシーポリシーなどを整備する必要があるが，データにこれだけの価値があることは，HEMSを展開する事業者にとっては投資を呼びかける根拠となる．また，データ販売が実現すれば，HEMSデータ取引市場として一定の市場規模が見込まれるだろう．さらに，今後，データを活用する技術が進展し，同時にデータの活用に関する理解が深まれば，分析結果以上の価値を有することになると考えられる．

　ただし，分析では，リアルタイム性や時間間隔について有意な結果が得られていない．これは，現状ではHEMSデータの買い手にこれらの要素の価値や影響が理解されていないとも解釈できる．今後は，HEMSデータの細かな要素に関する意義や活用方法を広く理解してもらうことがHEMSデータ販売の展開に重要となろう．

第7章　これからのパーソナルデータ活用に向けて

7.1　本書のまとめ

7.1.1　本書の結論
　本書では，パーソナルデータの定義，情報通信産業の構造を踏まえたうえで，パーソナルデータの経済価値について利用者と事業者の両方の視点から分析をおこなってきた．必ずしも直接的にパーソナルデータの価値を導出できたわけではないが，各分析において，おおよそつぎのような点をあきらかにした．

- 複数のレイヤーから構成される情報通信産業において，パーソナルデータがサービスに活用されるのはおもにコンテンツ・アプリケーションレイヤーとプラットフォームレイヤーである．これらのレイヤーの競争は，レイヤー内に止まらず，レイヤー間の競争にも影響を与える．したがって，パーソナルデータがサービスに活用されることによる競争への影響は情報通信産業全体に及ぶ．（第2章）
- 利用者がパーソナルデータを事業者に提供，利用されることには一定の抵抗感がともなうが，その大きさは事業者が定めるプライバシーポリシーの影響を受ける．プライバシーポリシーを理解することでその抵抗感は下がるが，一方で，利用者は事業者がプライバシーポリシーどおりにパーソナルデータを扱っていないと感じている可

能性もある．（第 3 章）
- このプライバシーポリシーへの信頼について，すでに広く使われているインターネットサービスの利用者（マジョリティ）に対しては，広く浸透しているものの信頼はされていない可能性がある．一方で，比較的先進的なインターネットサービスの利用者（アーリーアダプター）に対しては，一定程度信頼されている．（第 3 章）
- インターネットショッピングにおいては，住所などをサイトに登録しておくことで商品が家へ配達される．また，これまでそのサイトで購入した商品などは履歴として残り管理に便利である．しかし，これらのサイトに登録した住所などのパーソナルデータや，サイトの利用を通じて蓄積された履歴としてのパーソナルデータは，サイトを変更する際にスイッチングコストという形のコストとなってしまう．（第 4 章）
- さらに，このパーソナルデータによるスイッチングコストは，サイトの使い方に対する慣れやサイト自体への愛着といったことから生じるスイッチングコストと同等の 7,000 円程度の大きさとなっている．（第 4 章）
- GPS 位置情報を，全国 100 万件・1 年分のビッグデータとして B to B で取引する場合，性別情報や年代情報を付加することで 600 万円程度の価値がある．GPS 機能が付いているあらゆる携帯電話からデータが収集できることを踏まえると，現在のモバイルサービス産業のみを考えても，潜在的には 3,000 億円規模の市場が見込まれる．（第 5 章）
- 今後普及が期待される HEMS は，エネルギー管理という点だけでなく，世帯に関するデータの収集・分析という点でも活用が見込まれている．HEMS データは，過去から蓄積されたデータのみならず，リアルタイムのデータとしても価値がある．マーケティングなどに HEMS データを活用したい事業者に対しては，1 時間前のデータと

いうリアルタイム性であっても，データの精度を 90% 程度に高め，さらに事業者から各世帯の HEMS ディスプレイへの広告などのアプローチを可能にすれば，月額 30 万円近くのサービスとしてデータ提供サービスが成立する．（第 6 章）

例えば，私たちがインターネットショッピングサイトを利用する場合，サービスの利用のためには住所の登録は必須であり，登録に一定の抵抗があったとしても登録しないわけにはいかない．また，サイトで蓄積される履歴は便利だが，そのことに対し直接的に「履歴作成料」のようなものは発生しない．

GPS 位置情報や HEMS データに関しても，利用者は携帯電話のアプリケーションやエネルギー管理のために必要ということでデータを事業者に提供しており[1]，利用者はアプリケーションやエネルギー管理というサービスに対する対価を払う立場である．

つまり，これらのパーソナルデータは形式的にタダでやりとりされている．このことを前提に本書の分析結果を捉えると，直観的には金銭的評価がしにくいパーソナルデータが，実は大きな経済価値を秘めているということがわかるのではないか．

もちろん，利用者のプライバシーを保護するという観点は重要であるし，パーソナルデータの扱いは慎重を要する．また，パーソナルデータの活用から得られる利益は事業者に止まらず，パーソナルデータ提供の対価という直接的な形であれ，サービス品質の向上といった間接的な形であれ，利用者にも適切に還元されることが望ましい．しかし，パーソナルデータの活用によって得られる経済的価値とプライバシー保護のバランスを検討するためにも，また，パーソナルデータ活用の便益が適切に配分されるためにも，まずは本書が示したような「パーソナルデータの経済価値を認識す

---

[1] 場合によっては，「データを提供している」という意識も無いかもしれない．

る」ということが必要不可欠であろう．

7.1.2　残された課題

　パーソナルデータの経済価値をあきらかにするという本書のねらいは，各分析を通じて一定程度達成されたが，それでもまだ，多くの課題が残されている．

　はじめに，各分析の結果として推計された金額の捉え方に関する課題がある．もちろん，本書ではパーソナルデータの経済価値を可能な限り目に見える形で表現したいという意図の下，分析をおこなってきた．この意味で，金額で推計するという分析はこの意図を達成するものである．しかしながら，本書で示した金額はあくまでも推計値であることは十分に認識しなければならない．これらの金額が真の値であるかのように独り歩きすることは本意ではない．こういった分析を多様な分析者がいっそう高い精度でおこなっていくことが必要であろう．

　つぎに，各パーソナルデータの経済価値自体の変化という課題がある．本書で示したように，さまざまなパーソナルデータに一定の経済価値があるのは間違いないだろう．しかし，パーソナルデータを活用する技術水準の変化によって，その価値もまた変化する．例えば，本書ではGPS位置情報というパーソナルデータを取り上げたが，今後，GPS位置情報データによって分析できる個人の行動原理が深くなるのであれば，それに合わせてデータ自体の価値も大きくなろう．この意味で，本書で示した経済価値は，あくまでも分析時点における経済価値ということになる．今後のデータ分析に関する技術進歩に合わせて，本書と同じ種類のデータを同じ分析手法で推計し，本書の結果と比較することも意味のある分析となるかもしれない．

7.2　いっそうのパーソナルデータ活用時代へ

　今後，パーソナルデータがいっそう活用される時代となることは間違い

ないだろう．近年の政府の動向を見ても，2013年6月には「世界最先端IT国家創造宣言」が発表され，ビッグデータの利活用による新事業・新サービス創出の促進のために，パーソナルデータの利用環境を整備し利活用を促進させることが示された．その後，2014年6月には政府によりパーソナルデータの利活用に関する制度改正大綱が示され，個人情報保護法の改正の方向性が示された．方向性としては，個人情報の定義の明確化，第三者機関の体制の整備，個人の特定性を低減したデータへの加工などが示された．

　本書が経済価値の分析をおこなったからこそ，あえて強調するが，パーソナルデータの活用に際し，まずもって重要な点はプライバシーの保護である．これを前提に，しかしながら盲目的にパーソナルデータの利用を妨げるのではなく，費用対効果を考えながらパーソナルデータを活用していくことが求められる．そのためにも，これまでも盛んにおこなわれてきた法的議論と，本書のような経済的議論が両輪となって制度設計，政策立案に貢献していかなければならない．

参 考 文 献

Ackerman, M. S., Cranor, L. F., and Reagle, J. (1999). "Privacy in e-commerce: examining user scenarios and privacy preferences." Proceedings of the 1st ACM conference on Electronic commerce, pp. 1-8.
Acquisti, A., and Grossklags, J. (2005). "Privacy and rationality in individual decision making." IEEE Security & Privacy, 2, 24-30.
Arrow, K. (1962) "Economic Welfare and the Allocation of Resources for Invention", in Richard R. Nelson, ed., The Rate and Direction of Inventive Activity: Economic and Social Factors, Princeton, NJ: Princeton University Press for the National Bureau of Economic Research, pp. 609-25.
Berendt, B., Günther, O., and Spiekermann, S. (2005) "Privacy in e-commerce: stated preferences vs. actual behavior." Communications of the ACM, 48(4), 101-106.
Boston Consulting Group (BCG) (2012) "The Value of Our Digital Identity," (http://www.libertyglobal.com/PDF/public-policy/The-Value-of-Our-Digital-Identity.pdf)
Brynjolfsson, E and Smith, M.D.(2000) "Frictionless Commerce? A Comparison of Internet and Conventional Retailers". Management Science, Vol. 46, No. 4, pp. 563–585.
Centre for Economics and Business Research Ltd (Cebr) (2012) "Data Equity: Unlocking the Value of Big Data," Report for SAS, (http://www.sas.com/offices/europe/uk/downloads/data-equity-cebr.pdf)
Chellappa, R. K., and Sin, R. G. (2005). "Personalization versus privacy: An empirical examination of the online consumer's dilemma." Information Technology and Management, 6(2-3), 181-202.
Chen, H., Chiang, R.H., and Storey, V.C. (2012) "Business Intelligence and Analytics: From Big Data to Big Impact," MIS Quarterly, 36(4), 1165-1188.
Earp, J. B., and Baumer, D.(2003). "Innovative web use to learn about consumer behavior and online privacy", Communications of the ACM, Vol. 46, No. 4, 81-83.
Farrell, J. and Klemperer, P. (2007) "Coordination and lock-In: Competition with switching costs and network effects." In Armstrong, M. and Porter, R.H. (eds.) Handbook of Industrial Organization, Vol. 3, Elsevier, 1967-2072.
Federal Communication Commission (2009) "National Broadband Plan" (http://www.broadband.gov/plan/)
GE imagination at work (2013) "Industrial Internet: A European Perspective –

Pushing the Boundaries of Minds and Machines," (http://www.ge.com/europe/downloads/IndustrialInternet_AEuropeanPerspective.pdf)
肥田野登編（1999）『環境と行政の経済評価』勁草書房.
福家秀紀（2007）『ブロードバンド時代の情報通信政策』NTT出版.
Greene, William H. (2007) "LIMDEP Version9.0 Econometric Modeling Guide Volume1", Econometric Software, Inc.
Hann, I. H., Hui, K. L., Lee, T. S., and Png, I. P. L. (2001). "The value of online information privacy: An empirical investigation." New York Times, 1.
Hoffman, D. L., Novak, T. P., and Peralta, M. (1999). "Building consumer trust online." Communications of the ACM, 42(4), 80-85.
Hui, K. L., Tan, B.C.Y., and Lee, S.-Y. (2007) "The of Privacy Assurance : An Exploratory Field Experiment." MIS Quaterly 31.
依田高典（2007）『ブロードバンド・エコノミクス』日本経済新聞出版社.
今泉博国・須賀晃一・渡辺淳一（2001）『ミクロ経済学 基礎と演習』東洋経済新報社.
一般財団法人日本情報経済社会推進協会（2014）『「平成25年度我が国経済社会の情報化・サービス化に係る基盤整備（「データ立国」を見据えた大規模データの利活用による経済価値評価に関する調査事業）」調査報告書』
一般財団法人日本情報経済社会推進協会（2012）『「匿名化技術等を活用した大規模なパーソナル情報の活用に関する調査研究」事業報告書』
石井夏生利（2014）「ビッグデータと個人情報保護」『予防時報』日本損害保険協会，258号，pp. 8-11.
IT融合フォーラムパーソナルデータワーキンググループ（2013）『パーソナルデータ利活用の基盤となる消費者と事業者の信頼関係の構築に向けて』.
経済産業省（2008）『パーソナル情報研究会報告書―個人と連結可能な情報の保護と利用のために―』.
Jitsuzumi, T. (2012) "An analysis of prerequisites for Japan's approach to network neutrality." Proceedings of the 38th Research Conference on Communication, Information and Internet policy (2012 TPRC).
実積寿也（2010）『通信産業の経済学』九州大学出版会.
Jitsuzumi, T and T. Koguchi（2013）"The Value of Personal Information in the E-Commerce Market", Proceedings of the 2013 European Regional Conference of the International Telecommunications Society, International Telecommunications Society.
株式会社MM総研（2014）「2013年度通期国内携帯電話端末出荷概況」2014年5月13日ニュースリリース
経済産業省（2014）『平成25年度我が国経済社会の情報化・サービス化に係る基盤整備（電子商取引に関する市場調査）報告書』.
Klemperer, P.（1987）. "Markets with consumer switching costs". Quarterly Journal of Economics 102, 375–394.

Koguchi, T. and T. Jitsuzumi (2015) "Economic Value of Location-based Big Data: Estimating the Size of Japan's B2B Market", Communications & Strategies, No. 97, pp. 59-74.

Koguchi, T. and T. Jitsuzumi (2014) "The Economic Value of Location Data: Conditions for Big Data Secondary Markets", Proceedings of the 2014 European Regional Conference of the International Telecommunications Society, International Telecommunications Society.

高口鉄平 (2014a)「レイヤー間関係の変容と情報通信分野の競争―ICT 国際競争力を検討する視点に関する考察―」『情報通信政策レビュー』(総務省 情報通信政策研究所), 第8号.

高口鉄平 (2014b)「パーソナルデータ活用時代の「競争評価」―経済学的視点からのパーソナルデータ分析の必要性―」『Nextcom』(KDDI 総研), Vol. 17, pp. 52-59.

高口鉄平 (2012)「電気通信産業の競争における評価スキームとレイヤー間関係」『産業学会研究年報』(産業学会), 第 27 号, pp. 83-96.

高口鉄平・黒田敏史・依田高典 (2014)「インターネットの利用におけるプライバシー懸念の要因に関する実証分析」第 31 回情報通信学会大会報告資料.

高口鉄平・実積寿也 (2013)「携帯電話の構成要素に対する利用者の選好に関する分析」『情報学研究』(静岡大学情報学部), 第 18 巻, pp. 19-32.

Kohavi, R. (2001) "Mining e-commerce data: the good, the bad, and the ugly." Proceedings of the seventh ACM SIGKDD international conference on Knowledge discovery and data mining, pp. 8-13.

黒田敏史 (2012)「ビッグデータと市場の効率性と公平性」『Nextcom』Vol. 12, pp. 42-51

LaRose, R., and Rifon, N. (2006) "Your privacy is assured-of being disturbed: websites with and without privacy seals." New Media & Society, 8(6), 1009-1029.

LaValle, S., Lesser, E., Shockley, R., Hopkins, M.S., and Kruschwitz, N. (2011) "Big Data, Analytics and the Path from Insights to Value," MIT Sloan Management Review, 52(2), 21-31.

Manyika, J., Chui, M., Brown, B., Bughin, J., Dobbs, R., Roxburgh, C., and Byers, A.H. (2011) "Big data: The Next Frontier for Innovation, Competition, and Productivity," (http://www.mckinsey.com/~/media/McKinsey/dotcom/Insights%20and%20pubs/MGI/Research/Technology%20and%20Innovation/Big%20Data/MGI_big_data_full_report.ashx)

Metzger, M. J. (2006) "Effects of site, vendor, and consumer characteristics on web site trust and disclosure." Communication Research, 33(3), 155-179.

蓑谷千凰彦 (1997)『計量経済学 (第 2 版)』多賀出版.

森亮二 (2014)「パーソナルデータの匿名化をめぐる議論 (技術検討ワーキンググループ報告書)」『ジュリスト』有斐閣, No. 1464, pp. 25-31.

中村彰宏 (2012)「ソーシャルネットワークサービスを乗り換えることの抵抗感は大きいか?」『Nextcom』Vol. 12, pp. 52-61.

西村和雄（1990）『ミクロ経済学』東洋経済新報社.
野口悠紀雄（1974）『情報の経済理論』東洋経済新報社.
岡村久道（2004）『個人情報保護法』商事法務.
奥谷貴之・三友仁志（2005）「テレワークのオプション価値計測に関する実証的研究」『地域学研究』35巻3号, pp. 693-705.
大塚時雄・染谷広幸・実積寿也・三友仁志（2004）「情報通信技術が買物交通需要パターンに与える影響の分析―学生の購買行動を中心として―」『地域学研究』34巻1号, pp. 265-284.
楽天株式会社（2013）『2012年度通期及び第4四半期 決算説明会資料』
Russom, P. (2011) "Big Data Analytics," TWDI Best Practice Report, (http://tdwi.org/~/media/0C630BCFD9064A9287148F1FA33460E4.pdf)
Schoenbachler, D. D., and Gordon, G. L. (2002) "Trust and customer willingness to provide information in database‐driven relationship marketing." Journal of Interactive Marketing, 16(3), 2-16.
新庄浩二編（1995）『産業組織論』有斐閣.
静岡大学ISMS研究会（2007）『実践ISMS講座 情報セキュリティマネジメントと経営戦略』静岡学術出版.
Shy, O. (2001). The Economics of Network Industries. Cambridge Univ. Press, Cambridge.
Shy, O. (2002). "A quick-and-easy method for estimating switching costs". International Journal of IndustrialOrganization 20, 71–87.
Solove, D. J. (2013) "Privacy self-management and the consent paradox." Harvard Law Review, 126.
総務省（2014a）「情報通信審議会 2020 - ICT基盤政策特別部会（第3回）配付資料」（資料3-2）.
総務省（2014b）「電気通信サービスの契約数及びシェアに関する四半期データの公表（平成26年度第1四半期（6月末））」, 2014年9月19日報道発表.
総務省（2014c）『電気通信事業分野における競争状況の評価2013』
総務省（2014d）「我が国の移動通信トラヒックの現状（概要）」（http://www.soumu.go.jp/johotsusintokei/field/tsuushin06.html）
総務省（2013a）『平成25年版 情報通信白書』.
総務省（2013b）「「平成25年度 競争評価アドバイザリーボード」第1回会合会議資料」（資料1-2）.
総務省（2012a）『平成24年版 情報通信白書』.
総務省（2012b）「「電気通信事業分野における競争状況の評価に関する基本方針」及び「電気通信事業分野における競争状況の評価に関する実施細目2011」の公表」, 2012年2月3日報道発表.
総務省（2008）「「MVNOに係る電気通信事業法及び電波法の適用関係に関するガイドライン」の再改定」, 2008年5月19日報道発表.

Spiekermann, S., Grossklabs, J., and Berendt, B (2001) "E-privacy in 2nd Generation E-Commerce: Privacy Preferences versus Actual Behavior." Third ACM Conference on Electronic Commerce, Tampa, FL 38-47, DOI 10.1145/501158.501163.13

砂田充・大橋弘 (2010)「双方向市場の経済分析」公正取引委員会競争政策研究センター共同研究報告書,CR 02-10.

鈴木正朝 (2014)「(経済教室) 個人情報 保護と利用㊦:国際水準との調和を急げ」『日本経済新聞』2014年9月5日.

高木浩光 (2014)「準個人情報とは何だったのか　どうあるべきなのか」FIT2014 イベント企画パネルセッション「新しい個人情報保護の枠組みとパーソナルデータの匿名化措置はどうなるか (2014年9月3日) 資料.

高崎晴夫・高口鉄平・実積寿也 (2014)「パーソナライゼーション・サービスにおける利用者のプライバシー懸念の要因に関する研究」『公益事業研究』第66巻第2号,pp. 25-34.

武田圭史 (2014)「(経済教室) 個人情報 保護と利用㊤:適正管理のコスト高まる」『日本経済新聞』2014年9月4日.

Valletti, T.M. and Cave, M.(1998). "Competition in UK mobile communications". Telecommunication Policy, Vol. 22, No. 2, pp. 109-131.

財団法人日本情報処理開発協会 (2011)『パーソナル情報の利用のための調査研究報告書』.

索　引

■アルファベット

A
Amazon　101

B
B to C　98
BWA　31

C
CATVインターネット　30
CVM　49

D
DSL　30

F
facebook　35
FTTH　30
FWA　30

G
GPS位置情報　117

H
HEMS→ホームエネルギーマネジメントシステム

I
ISMS→情報セキュリティマネジメントシステム
ISO/IEC 27002　5

J
JR東日本　3

L
LINE　35

M
midata　116
MVNO　32

N
NTT法　36

T
twitter　35

■ア　行
一段階二肢選択方式　50
移動系通信　31, 32
インターネットショッピングサイト　1, 43, 98

■カ　行
外部効果　18, 22
仮想市場法→CVM
競争評価　38, 70
経済財　21
限界費用　18, 20
顕示選好法　14
公共財　18
個人識別性　11
個人情報保護法　3, 5, 9, 21
固定系ブロードバンド　30
コンジョイント分析　100, 122, 144

■サ　行
資源配分の効率性　34
市場経済システム　7
支払意思額　49, 112, 132, 150
シフトパラメータ　112
自由回答方式　50
順序ロジットモデル　92
消費における不確実性　20, 24
情報財　17

情報セキュリティ　5
情報セキュリティマネジメントシステム　5
情報大航海プロジェクト　13
情報の経済学　17
情報の経済理論　17
情報の不完全性　22, 136
スイッチングコスト　44, 97
生産における不確実性　19, 24
生産に関する社会的効率　21
戦略的評価　38, 41, 70, 71

■タ　行
直交計画法　111, 130, 147
定点的評価　38, 41, 70
電気通信事業分野における競争状況の評価　38
電気通信事業法　36
トラヒック　122
取引の不可逆性　18, 22

■ナ　行
2項ロジットモデル　92
日本電信電話株式会社等に関する法律　36
二面市場　41

■ハ　行
パーソナル情報　13

パーソナルデータ　1
排除可能性　21
東日本旅客鉄道　3
ビッグデータ　43, 117
表明選好法　14
不可分性　19, 23
プライバシーポリシー　67, 70
ブランド　7, 100, 102, 113
プロファイル　101, 111, 130, 147
ベネッセコーポレーション　4
ホームエネルギーマネジメントシステム　139, 140
補償意思額　49, 113

■マ　行
ミクロ経済学　34, 43, 44

■ラ　行
楽天市場　101
ランダム・パラメータ・ロジットモデル　112, 131, 148
リテラシー　93
利用に関する社会的効率　21
レイヤー　28

■ワ　行
忘れられる権利　137

著者略歴

1980年生まれ．九州大学経済学部卒業．九州大学大学院経済学府博士後期課程修了．博士（経済学）．総務省を経て，現在，静岡大学学術院情報学領域准教授．専門は情報通信分野を対象とした経済分析および経営戦略分析．

論　文："Economic Value of Location-based Big Data: Estimating the Size of Japan's B2B Market"（共著），2015, Communications & Strategies, No.97, pp.59-74

「パーソナライゼーション・サービスにおける利用者のプライバシー懸念の要因に関する研究」（共著），2014年，『公益事業研究』第66巻第2号, pp. 25-34

「レイヤー間関係の変容と情報通信分野の競争—ICT 国際競争力を検討する視点に関する考察—」，2014年，『情報通信政策レビュー』（総務省 情報通信政策研究所）第8号　ほか

KDDI総研叢書2
パーソナルデータの経済分析
2015年10月20日　第1版第1刷発行

著　者　　高　口　鉄　平

発行者　　井　村　寿　人

発行所　　株式会社　勁　草　書　房
112-0005　東京都文京区水道2-1-1　振替 00150-2-175253
電話（編集）03-3815-5277／ＦＡＸ 03-3814-6968
電話（営業）03-3814-6861／ＦＡＸ 03-3814-6854
港北出版印刷・松岳社

Ⓒ KOGUCHI Teppei 2015

ISBN978-4-326-50415-2　Printed in Japan

JCOPY　＜(社)出版者著作権管理機構　委託出版物＞
本書の無断複写は著作権法上での例外を除き禁じられています。複写される場合は、そのつど事前に、(社)出版者著作権管理機構（電話 03-3513-6969、FAX 03-3513-6979、e-mail: info@jcopy.or.jp）の許諾を得てください。

＊落丁本・乱丁本はお取替いたします。
http://www.keisoshobo.co.jp

KDDI 総研叢書について

　KDDI 総研は，KDDI グループのシンクタンクとして，「未来を見つめ，グローバルで多角的な視点から，調査，分析，構想し，ICT 社会の発展に向けて提言すること」を企業理念としている．

　インターネットやモバイルの普及は，社会や産業，人々の生活に大きな変革と可能性をもたらすとともに，新たな政策・制度課題を投げかけている．

　KDDI 総研叢書は，豊かな社会に向けて，知の力により時代に則したビジネスモデルや制度デザインを創造していくことを目指して刊行したものである．

　本叢書が ICT 社会の発展につながることを願ってやまない．

株式会社　KDDI 総研
代表取締役社長　東条続紀

KDDI 総研叢書

小泉直樹・奥邨弘司・駒田泰土・張　睿暎・生貝直人・内田祐介
クラウド時代の著作権法　激動する世界の状況
A5 判　3,500 円　ISBN978-4-326-40285-4

海野敦史
「通信の秘密不可侵」の法理
ネットワーク社会における法解釈と実践
A5 判　7,000 円　ISBN978-4-326-40301-1

石井夏生利
個人情報保護法の現在と未来
世界的潮流と日本の将来像
A5 判　7,000 円　ISBN978-4-326-40295-3

生貝直人
情報社会と共同規制
インターネット政策の国際比較制度研究
A5 判　3,600 円　ISBN978-4-326-40270-0

岡田羊祐・林　秀弥 編著
クラウド産業論
流動化するプラットフォーム・ビジネスにおける競争と規制
A5 判　3,500 円　ISBN978-4-326-40289-2

実積寿也
ネットワーク中立性の経済学　通信品質をめぐる分析
A5 判　3,500 円　ISBN978-4-326-50378-0

Sobee Shinohara
Empirical Analysis of the Deployment of Wired and Wireless Broadband Services: Focusing on Promoting Factors
A5 判　9,500 円　ISBN978-4-326-50390-2

＊表示価格は 2015 年 10 月現在。消費税は含まれておりません。